新时代马克思主义经典著作必修课

解读《1844年经济学哲学手稿》

丛书主编：韩喜平

本书著者：闵　凯

吉林出版集团股份有限公司

全国百佳图书出版单位

图书在版编目（CIP）数据

解读《1844年经济学哲学手稿》/ 闵凯著. -- 长春：吉林出版集团股份有限公司，2022.1（2025.1重印）
（新时代马克思主义经典著作必修课 / 韩喜平主编）
ISBN 978-7-5731-1061-9

Ⅰ. ①解… Ⅱ. ①闵… Ⅲ. ①《1844年经济学哲学手稿》- 马克思著作研究 Ⅳ. ①A811.21

中国版本图书馆CIP数据核字（2021）第274708号

JIEDU 1844 NIAN JINGJIXUE ZHEXUE SHOUGAO

解读《1844年经济学哲学手稿》

丛书主编	韩喜平
本书著者	闵　凯
责任编辑	宫志伟　石榆淼
封面设计	尚世视觉

出　　版	吉林出版集团股份有限公司
发　　行	吉林出版集团社科图书有限公司
地　　址	吉林省长春市南关区福祉大路5788号　邮编：130118
印　　刷	唐山楠萍印务有限公司
电　　话	0431-81629712（总编办）　0431-81629729（营销中心）
抖 音 号	吉林出版集团社科图书有限公司 37009026326

开　　本	710 mm × 1000 mm　1 / 16
印　　张	10
字　　数	120 千
版　　次	2022 年 1 月第 1 版
印　　次	2025 年 1 月第 2 次印刷

书　　号	ISBN 978-7-5731-1061-9
定　　价	40.00 元

序　言

青年兴则国家兴，青年强则国家强。青年是民族的未来，要实现中华民族伟大复兴中国梦就必须抓好后继有人这个根本大计。中国共产党百年奋斗的辉煌成就进一步彰显了马克思主义的思想伟力，让青年学子掌握马克思主义看家本领，用马克思主义理论武装头脑，一个关键环节是学习马克思主义经典著作。

马克思主义经典著作是以理论的方式把握世界的典范。以理论的方式把握世界是现代文明的一个基本特征。理论不仅是人们对世界认知的概念表达，同时也是人们把握世界的思维方式，而且还承载着人们的价值观和生活态度。马克思主义经典著作中鲜明的价值立场、清晰的概念界定和严密的逻辑推导不仅能够满足青年对知识的渴望，更重要的是能够提高青年人的政治价值和理论素养。青年学习马克思主义经典著作，有助于提升自己独立思考的能力，提升分析问题、辨别是非的能力。

伟大的中国特色社会主义事业需要一代代人的接续奋斗。青年只有在社会主义伟大实践中，在马克思主义理论的学习中，才能成为真正的马克思主义者。学习马克思主义经典著作，是培养堪当民族复兴大业时代新人的必然要求。青年读原著、学原文、悟原理，深刻把握马克思主义的历史逻辑、理论逻辑和实践逻辑，有助于提高自身的政治理论素养，面对不断变幻、纷繁复杂的种种社会思潮，面对西方的意识形态渗透，面对知识碎片化、文化快餐消费盛行，能够保持政治定力和政治鉴别力，坚定中国特色社会主义的道路自信、理论自信、文化自信和制度自信，提高理论素养。

立鸿鹄志，做奋斗者，是党和国家、人民对青年的要求。理想是价值之诗。有了远大的理想，才有了现实与理想的矛盾，才能积极地求解这些矛盾以推动现实趋向理想。但是，有句话非常有道理：一开始就能看到目标的人注定不会走得太远。相反，志向越是高远，所取得的成就可能越大。马克思和恩格斯所开创的“使现存世界革命化，实际地反对并改变现存的事物”（马克思和恩格斯语）的现实的共产主义运动，就是以远大的共产主义社会理想和人的自由全面发展为归宿的。中国特色社会主义事业同样需要青年志存高远，胸怀天下，奋发有为。阅读学习马克思主义经典著作，有助于青年树立和坚定中国特色社会主义的共同理想和共产主义远大理想，不负青春韶华，让青春之光闪耀在为梦想奋斗的道路上。

马克思主义理论是青年成长最重要的理论陪伴，青年应当主动接近马克思主义，走进马克思主义。马克思主义理论是时代精神的精华，是人类文明发展的最高成果，其内容博大精深，有些文本形成于一百多年前，有其特定的历史背景和语言表达方式，青年阅读理解会有一定的困难。为此，我们编写了这套《新时代马克思主义经典著作必修课》系列丛书，以经典文献导读的方式全面地介绍马克思主义理论的基础知识。希望青年朋友们通过本系列丛书的阅读，能够产生进一步阅读学习马克思主义经典文本的兴趣，自觉不断提升自身的马克思主义理论素养和思想水平。

韩喜平
2021年12月

目　　录

导　读

《1844年经济学哲学手稿》（以下简称《手稿》），是马克思最重要的经典著作之一。这部手稿写作于1844年4月至8月间，是马克思旅居巴黎期间所写，所以又被称为《巴黎手稿》。这部手稿是马克思早期思想的一部著作，由于马克思是在1845年创立了自己的学说，所以它并不是一部马克思主义著作，或者说它不是一部成熟的马克思主义著作，但就是这样一部不成熟的马克思主义著作却孕育了马克思主义理论体系的雏形，展示了马克思思想转变与酝酿过程，正是有了这个酝酿过程，人们才能理解马克思从1843至1845年为什么会发生思想上的转变，进而在1845年创立了自己的学说，可以说没有《1844年经济学哲学手稿》，人们就难以理解马克思学说的创立过程，因此在这个意义上，它又被称为马克思学说的诞生地和秘密。

这部手稿长期以来不为人们所知，甚至连马克思一生的挚友恩格斯都并不清楚这部手稿的存在，直到1932年，这部手稿才正式发表。发表时有两个版本：一个是德文版，一个是俄文版。我国现在使用的版本是俄文版的中文译本。《手稿》发表之后引起很大轰动，在学术界引起了对马克思思想重新理解的思潮，并引发了关于“两个马克思”的争论，即“青年马克思”和“老年马克思”的争论。这样的争论推动了人们理解认识马克思的思想，了解马克思学说的形成过程，因此，这部著作在马克思主义思想发展史上具有重要意义。

《手稿》主要研究内容是经济学和哲学，它的核心议题是用“异化劳动”这个概念来解释“私有财产”的问题。围绕这个核心议题，马克思对国民经济学进行了批判，继而提出了建立以“异化的积极扬弃”的共产主义，并对黑格尔哲学进行了剖析与批判，在对黑格尔哲学的批判中升华了自己对辩证法和历史唯物主义的认识，为建立自己的学说打下了良好的基础。因此在《手稿》中，我们可以了解到马克思为什么会从哲学研究转向经济学研究，为什么由青年黑格尔派积极分子转向对黑格尔哲学的批判，为什么要对政治经济学进行批判，为什么寻找到共产主义作为理想的社会制度。

学习《手稿》不仅可以帮助我们了解、理解马克思思想的发展过程和马克思学说的形成过程，还可以帮助我们理解党和政府推进新时代中国特色社会主义实践路径的重要意义。在党的十九大报告中，习近平总书记指出，中国特色社会主义建设进入新时代，在新的历史发展阶段，作为社会主义国家，如何思考和把握社会发展的路径和方向，离不开马克思主义理论的指导。因此，习近平总书记多次强调，要认真学习马克思主义经典原著，因为在马克思主义经典著作中才能够领悟马克思主义的真精神，理解马克思主义中国化的重要意义，理解党和政府推进新时代中国特色社会主义实践路径的重要意义。

第一章　与政治经济学的第一次亲密接触

第一节　为理想而前行

任何一种思想的产生都离不开时代的孕育，马克思的思想也是如此。所以，只有了解马克思写作《1844年经济学哲学手稿》（以下简称《手稿》）的历史背景，才能更好地把握《手稿》的实质。

1843年10月至1845年初旅居巴黎期间，是马克思思想发展过程中一个非常重要的转折时期，就是在这个时期，马克思写下了第一批关于政治经济学的笔记，被称为“巴黎笔记”，这是他研究政治经济学的开始。《手稿》就是这个期间标志性的著作。那么在此期间，马克思的思想为什么会发生转变？为什么会转向政治经济学研究？这与他所处的时代和他的经历有着密切的关系。

19世纪40年代初，在大学求学的马克思和大多数的青年一样，充满朝气，热爱生活，关心国家的发展，关注社会的变化，对探究这个世界充满了渴望。马克思在大学所读的专业是法律，而建构法学体系需要哲学作支撑，所以马克思开始接触哲学。马克思接触哲学之后对哲学非常感兴趣，一发不可收拾，从此开始阅读大量哲学书籍，尤其是黑格尔的哲学著作。马克思阅读了黑格尔及其主要弟子的绝大多数著作，并且加入了由布鲁诺·鲍威尔、鲁滕堡、科本等人组成的“博士俱乐部”，成了青年黑格尔派的一员，参与讨论黑格尔哲学和政治问题，希望在哲学的世界中寻找出认识社会、解决社会问题的方法。由于马克思的主要兴趣转向了哲学，所以他从哲学史中选择了博士论文题目《德谟克利特的自然哲学和伊壁鸠鲁的自然哲学的差别》，并因为论文水平高超，免于答辩，取得了哲学博士学位。

大学毕业后，马克思本来想在波恩大学做一名教师，但是因为波恩大学政治气候日益恶化，而放弃了这一打算，改向报纸投稿。1842年4月，马克思发表在科隆的《莱茵报》上的文章，获得巨大的社会反响，同年10月被《莱茵报》聘为主编。

在《莱茵报》工作期间，马克思对工作投入了极大的热情，并且积极参与社会活动，面对德国的现实敢于做直接的斗争，他写了很多文章揭露和批判反动的普鲁士政府。在他的努力下，《莱茵报》的政治面目焕然一新，他的实事、客观唯物主义观点在人民心目中产生了共鸣。在此期间，马克思接触到了大量的政治问题、经济问题等社会现实问题，比如林木盗窃法案，使马克思开始意识到“物质利益”问题，即经济问题是各个不同阶级之间的斗争之源。

林木盗窃法案的主要内容是：19世纪初，由于德国资本主义的发展，加速了人民的贫困，迫使贫苦的穷人到树林里捡拾倒树、枯枝和野果等作为生活补充。这是历史上早已形成的穷人们的习惯权利，但是，普鲁士政府为了维护林木所有者的利益，早在1826年就颁布法律，对于擅自砍伐林木和盗窃树木者处以刑罚。由于触犯林木所有者利益的诉讼案件逐年有增无减，所以在1836年，经过议会讨论，普鲁士政府又提出了一个新法案，在这个新法案中极度扩大盗窃的概念，甚至把穷孩子们在树林捡拾一些枯枝和野果也列入“盗窃”的范围。新法案中规定：森林条例违反者除了赔偿经济损失外，还要被处以4倍、6倍甚至8倍的罚款和特别赔偿。如果缴纳不起，就被罚服劳役。

之后，马克思就此情况写了《关于林木盗窃法的辩论》一文，试图通过对政府的批评，保护受压迫、受剥削的劳苦群众的利益。正是这一斗争，不仅使得马克思认识到，普鲁士政府是保护私有制的，是有产者的奴仆和工具；同时也使得马克思开始意识到自己在经济方面知识的欠缺，促使他想去学习更多的经济方面的知识，研究产生经济问题的最初动因。

在马克思的影响下，《莱茵报》的思想日益激进，对普鲁士政府进行了无情的揭露和尖锐的批判，影响越来越大，引起当局的惊恐，最终被查封。

《莱茵报》被查封之后，马克思离开了科隆，来到莱茵省的一个小镇克罗茨纳赫，并在这里与订婚七年的未婚妻燕妮完婚。如果说《莱茵报》时期，马克思是积极介入社会事务，那么克罗茨纳赫时期则是马克思退回到书房、开始潜心读书的阶段，马克思在这里又开始了专心致志的理论研究工作。

在克罗茨纳赫时期，马克思通过理论研究工作来总结、分析他在《莱茵报》时期所遇到的重大的政治问题、经济问题以及各种实际问题。正是对这些问题的思考、研究，使得马克思对黑格尔哲学产生了怀疑。因为按照黑格尔的哲学原则，国家应是理性的实现，国家是人类理性的体现和历史发展的动力。然而，他所看到的普鲁士政府却是富人的工具，它在解决每一个实际事务时考虑的只是富人的利益，而不是国家的理性和社会的伦理。正是这些疑问，使马克思对原来所信仰的黑格尔哲学体系产生了动摇，对黑格尔的国家、法的唯心主义思想观念产生了怀疑，促使马克思离开黑格尔的唯心主义哲学，去关心现实物质利益问题。因此，马克思为解决使他苦恼的实际问题——“物质利益”问题，决定重新剖析黑格尔的国家学说，重新探讨国家的本质及其同社会的关系，以解开自己的困惑。马克思说，“为了解决使我苦恼的疑问，我写的第一部著作是对黑格尔法哲学的批判性的分析”[①]，这就是《黑格尔法哲学批判》一书。

这部著作探讨的中心问题是国家与市民社会的关系。黑格尔

①中共中央编译局.马克思恩格斯文集：第2卷［M］.北京：人民出版社，2009：591.

认为，市民社会和家庭不具有真正独立性，它们从属于国家，必须服从于国家和法律，国家决定市民社会。但是马克思通过研究发现，国家与市民社会的关系不应该是国家决定市民社会，而是市民社会决定国家。因为，马克思认为法的关系正像国家的形式一样，既不能从它们本身来理解，也不能从所谓人类精神的一般发展来理解，相反，它们根源于物质的生活关系，是物质生活关系的总和。所以对市民社会，也就是人与人之间的经济关系的解剖和说明不应该到哲学中去寻找，而应该到政治经济学中去寻找，国家的真正基础存在于经济的事实之中，因此是市民社会决定国家，而非国家决定市民社会。

这是马克思第一次自觉地对黑格尔的唯心主义哲学进行批判，为以后进一步全面批判分析黑格尔哲学奠定了基础。因此，通过对黑格尔法哲学的批判，马克思的思想观点不仅脱离了黑格尔的唯心主义，而且向着历史唯物主义迈进了一大步。这使马克思认识到单靠理论批判是不切实际的，不能积极有效地解决社会问题，更主要的是，这使马克思进一步地明确了要通过经济问题的研究来探索社会发展的方向。

1843年10月，受德国政论家卢格的邀请，马克思夫妇来到巴黎。当时的巴黎是欧洲革命的中心，是各种流派思想家、革命家的集中地之一，特别是巴黎的无产阶级对资产阶级尖锐的、激烈的斗争气氛，给马克思带来了许多新的感受，这些都对马克思实地考察资本主义社会和研究社会主义学说提供了适当的条件。所以，马克思到了巴黎后，立即与卢格合作筹办了《德法年鉴》杂志。在《德法年鉴》上，马克思发表了两篇文章——《论犹太人问题》和《〈黑格尔法哲学批判〉导言》。这两篇文章标志着马克思已经完成了思想转变，从唯心主义转向了唯物主义，从革命民主主义转向了共产主义，是马克思主义形成过程中决定性阶段开始的光辉文献。这两篇文章分析了“政治解放”和“人的解放”这两种革命在性质上的根本区别。

犹太人问题，在当时的德国是一个比较突出的社会现实问题。住在德国的犹太人，大多信奉犹太教，因此，他们长期受到以基督教为国教的普鲁士政府的歧视和压制。1815年，普鲁士政府颁布了关于犹太人不能担任公职，在国家中只能居于从属地位的命令。犹太人要求与基督教徒享受平等权利，一直遭到政府的拒绝。但由于犹太人善于从事工商业和高利贷活动，在经济领域中有较大势力，普鲁士国家又不得不容忍和保护他们。随着资产阶级民主运动在德国的发展，19世纪40年代初，在德国展开了关于犹太人解放问题的讨论。马克思上大学时的朋友，“博士俱乐部”成员布鲁诺·鲍威尔在1842年底至1843年初，接连发表了《犹太人问题》《现代犹太人和基督徒获得自由的能力》两篇论文。他认为德国基督教的宗教本质决定了它不能解放犹太人，犹太教的宗教狭隘性的本质也决定了犹太人不能获得解放。这实际上是把犹太人及一般德国人的解放问题归结为宗教问题，是在宣传要实现民族解放必须先消灭民族宗教的谬论。

所以在《论犹太人问题》一文中，马克思批驳了布鲁诺·鲍威尔写的《犹太人问题》的小册子：在这个小册子中，鲍威尔混淆了宗教解放与政治解放、政治解放与人类解放的关系。鲍威尔认为犹太人与基督徒之间的对立在于宗教。犹太人由于坚持自己的信仰，所以同社会产生了对立。鲍威尔主张犹太人放弃犹太教，基督徒放弃基督教，假如一切人都从宗教信仰中解放出来，那么，人们就能从政治上获得解放。鲍威尔把犹太人同社会对立这样一个政治问题转化为宗教问题。马克思认为，犹太人问题不是单纯的宗教问题，而是一个政治问题。他从市民社会与宗教的关系进行分析，指出："在我们看来，宗教已经不是世俗狭隘性的原因，而只是它的表现。因此，我们用自由公民的世俗桎梏来说明他们的宗教桎梏。我们并不认为：公民要消灭他们的世俗桎梏，必须首先克服他们的宗教狭隘性。……我们不把世俗问题化为神学问题。我们要把神学问题化为世俗问题。"在当时的德国，所谓政治解放，就是通过资产阶级革命，推翻封建专制统治，消灭贵族等级制度，使每个人都获得平等的公民权，这在法国和美国经过资产阶级革命后已经实现，但它们并没有消火宗教，可见政治解放同宗教解放不是一回事。

在马克思看来，政治解放本身还不是人类解放，因为政治解放并不是整个社会的解放，只是社会上一部分人的解放，在当时来说，也就是资产阶级的解放。所以，马克思提出人类解放的根本前提是消灭私有制。他说："只有当现实的个人同时也是抽象的公民，并且作为个人，在自己的经验生活、自己的个人劳动、自己的个人关系中间，成为类存在物的时候，只有当人认识到自己的'原有力量'并把这种力量组织成社会力量因而不再把社会力量当作政治力量跟自己分开的时候，只有到了那个时候，人类解放才能完成。”[①]这就是说，尽管从历史发展来说，政治解放也是一种进步，但是只有当社会力量不再作为一种压迫人的力量存在的时候，人类才能获得解放。

马克思在《〈黑格尔法哲学批判〉导言》中继续发展了他关于人类解放的思想。他明确地提出了由谁来实现人类解放的问题。马克思指出，德国要获得真正的解放绝不能仅仅停留在对宗教的批判上，而是要把对天国的批判变成对尘世的批判，把对神学的批判变成对政治的批判，应该直接向德国的政治制度开火，推翻这个低于历史发展水平的社会，这才是德国人要进行的真正的斗争。马克思认为，德国的政治斗争一旦提高到实现真正的人的解放的水平，斗争就超出了德国。在德国，政治斗争是以批判宗教的形式出现的，由于神的本质就是人的本质，因此，“对宗教的批判最后归结为人是人的最高本质这样一个学说，从而也归结为这样一条绝对命令：必须推翻那些使人成为受屈辱、被奴役、被遗弃和被蔑视的东西的一切关系”[②]。德国资产阶级是无

①中共中央编译局.马克思恩格斯全集：第1卷［M］.北京：人民出版社，1956：443.

②中共中央编译局.马克思恩格斯全集：第1卷［M］.北京：人民出版社，1956：460-461.

法完成这样的任务的，因为德国资产阶级缺乏革命的大无畏的精神，这个任务只有无产阶级才能完成，在马克思看来，能够实现全人类解放的，应当是一个不解放全人类就不能解放自己的阶级，这样的阶级就是无产阶级，因为无产阶级一无所有，“它的直接地位、物质需要、自己的锁链强迫它”而拥有这种力量。

而且，马克思主张“批判的武器当然不能代替武器的批判，物质力量只能用物质力量来摧毁；但是理论一经掌握群众，也会变成物质力量。”[①]就是说，马克思认为革命的理论、进步哲学的任务就是要把对天国的批判变成对尘世的批判，即批判的矛头不是指向宗教，而是指向德国的反动专制制度。那么，谁才能成为革命理论的运用者呢？答案是无产阶级。因为无产阶级一无所有，且受压迫最为严重，一旦无产阶级觉醒，那么这种现存的不合理的制度必将解体，私有制必将被否定。所以这表明，无产阶级要消灭私有财产的观念不是凭空产生的，而是根据自身的生存方式提出来的。正是由于马克思在这个时期认识到，无产阶级只有解放全人类才能解放自己，发现了创造未来新社会的这一社会力量，进而把自己同空想社会主义者区别开来。

列宁在评价这两篇文章时说：“马克思在这个杂志上发表的文章表明已经是一个革命家。他主张‘对现存的一切进行无情的批判’，尤其是‘武器的批判’；他诉诸群众，诉诸无产阶

①中共中央编译局.马克思恩格斯选集：第1卷［M］.北京：人民出版社，2012：9.

级。”[①]列宁的这一论断充分肯定了这两篇文章在马克思主义发展史中的历史意义。

可以说，马克思在这里明确宣布了自己的新世界观。马克思这种思想上的转变是得益于对政治经济学的关注。并且在以后的一段时期内，马克思更加关注从哲学、经济学和历史领域来探寻认识社会、解决社会问题的方法。特别值得一提的是，恩格斯写的《政治经济学批判大纲》在《德法年鉴》上的发表，对马克思产生了极大的影响，《政治经济学批判大纲》被马克思称为“批判经济学范畴的天才纲领”。恩格斯在《政治经济学批判大纲》中主要批判地研究了“私有制的合理性问题”。在此之前，资产阶级的经济学家从未提出这个问题，因为他们把私有制看作是无须证明的人类社会的自然前提，看作是合理的世界秩序的唯一形式；而建立在私有制基础上的竞争则被看作是人类自由的表现，是达到人类普遍幸福的正确方式。恩格斯在《政治经济学批判大纲》中批驳了这个观点，揭露了资本主义私有制的内在矛盾及其不合理和非人道性，他认为，资本主义经济制度的各种现象，如竞争、自由贸易、价值、地租等，都是资本主义私有制的直接结果。竞争必然导致工人、资本家与地主之间的矛盾的激化，引起周期性的经济危机，导致消灭私有制的社会革命。恩格斯还批判地考察了资产阶级经济学的历史，认为无论是重商主义还是古典

①中共中央编译局.列宁选集：第2卷［M］.北京：人民出版社，2012：415.

经济学，都是私有制关系的理论表现，是维护资本主义私有制的，因而都是不科学的和伪善的。

在恩格斯的影响下，马克思从研究哲学、历史和法律转向了系统地研究政治经济学，更加坚定了他潜心研究政治经济学的决心。因为马克思明显地意识到，在政治范围内找不到解决社会问题的根源，这就促使他转向政治经济学的研究，马克思敏锐地感觉到在政治经济学领域隐藏着关于人的关系的根本问题，所以他试着从政治经济学中为他的疑惑寻找答案。从这以后，马克思和恩格斯就取得了通信联系，对此，恩格斯有一段真实的记述。他说："1843年秋，这一对年轻的夫妇来到巴黎，在这里马克思开始同卢格一起出版"德法年鉴"，但是该杂志仅出版了一期；杂志之所以停刊，部分是由于它在德国的秘密传播遇到很大困难，部分是由于在两位编辑之间很快就暴露出原则性的分歧。卢格仍然保持黑格尔哲学和政治上的激进主义的路线，马克思则热心地研究政治经济学、法国社会主义者和法国历史。结果马克思转向了社会主义。"[①]恩格斯的这段记述可以说是对《手稿》的写作背景与历史意义的一个非常好的说明。

马克思来到巴黎，特别是在1844年3月后，他阅读了一系列政治经济学家，如让·巴·萨伊、亚当·斯密、穆勒、大卫·李嘉图、约·雷·麦克库洛赫、弗·斯卡尔培克、克德斯杜特·德·特

①中共中央编译局.马克思恩格斯全集：第22卷［M］.北京：人民出版社，1965：393.

拉西等人的主要经济学著作，以及恩格斯的《政治经济学批判大纲》。在阅读的过程中，马克思做了大量的摘录，并在一些地方写有评注。这些摘录和评注写了若干本笔记，到现在保留下来的有 9 本，这些笔记被后来的研究者们称为“巴黎笔记”。

正是在巴黎笔记期间，具体说是1844年4月至8月，马克思在研读政治经济学著作的同时，产生了要写一本专门关于政治经济学著述的想法，这就是《手稿》的产生。

《手稿》虽然是马克思未完成的作品，我们现在看到的《手稿》包括3个手稿，保存得也不是很完整，但是它们在思想内容上却形成了一个严谨的整体。从《手稿》中，我们可以清楚地看到，马克思在探寻社会历史发展规律的过程中，对剖析资产阶级政治经济学、改造黑格尔辩证法和克服机械唯物主义局限性的伟大的理论创造；可以清楚地感受到，26岁的马克思在为自己的理想进行不断的努力，这种精神非常值得我们崇敬和学习。

第二节　从不为人知到轩然大波

《手稿》在1844年写作完成之后，马克思并没有对它进行整理，也没有发表它的打算，所以这部手稿长期以来不为人们所知，甚至连马克思一生的挚友恩格斯都不清楚这部手稿的存在，直到1932年，这部手稿才正式发表。《手稿》发表后，很快就引起了学者们的高度重视。同时，由于学者们理解上的不同，在世界范围引起了关于《手稿》内容的尖锐的争论，其规模和深度是马克思主义研究史上罕见的。之所以发生这样尖锐的争论，是因为对《手稿》的研究和评价涉及对整个马克思主义的重新研究和评价，这种争论一直延续至今。

1954年，莫斯科马克思恩格斯列宁研究院对《手稿》（1932年的版本）又重新进行了一次核对，做了一些重要的修改，对某些标题重新审定或改写，增加了注释，并于1956年发表在俄文版《马克思恩格斯全集》中，这个《手稿》的版本，是目前比较完善的版本。

《手稿》第一个中文版本是1956年由何思敬译、宗白华校的《手稿》单行本，标题为《马克思经济学—哲学手稿》，是依据1932年《马克思恩格斯全集》德文版译出的。这是第一个《手稿》全文的中文译本。同年，由贺麟译的《手稿》的最后一章《黑格尔辩证法和哲学一般的批判》单行本，是从德文版翻译过来的。1979年，人民出版社出版了刘丕坤译的《手稿》单行本，标题为《马克思1844年经济学—哲学手稿》。该译本是依据《马克思恩格斯早期著作选》1956年俄文版译出的，同时，参考了其他版本。同年，人民出版社出版了中文译本《马克思恩格斯全集》第42卷，该卷收入的《1844年经济学哲学手稿》是依据刘丕坤译文校订的，标题为《1844年经济学哲学手稿》。1980年，上海文艺出版社出版的《美学》第2期，刊载了朱光潜先生译的

《1844年经济学—哲学手稿》（节译），包括第一手稿和第二手稿中的有关段落。它是根据1955年柏林狄茨出版社出版的《马克思恩格斯短篇经济论文集》译出的。目前在我国流行的并被公认的版本是《马克思恩格斯全集》第42卷中所载的《1844年经济学哲学手稿》。

第三节　不完整的手稿

《手稿》一书是由序言、［笔记本I］、［笔记本II］和［笔记本III］组成，全文约11万字。全文的总标题以及放在方括号里的小标题都是编者后加的。原手稿有许多散失，现整理出版的各种版本的《手稿》均不是完整的原手稿。

这篇序言原来是放在《第三手稿》的第三部分。在1932年全文发表《手稿》时，编者把它放在《手稿》的开头。序言主要说明了马克思写作本书的目的、计划和内容，同时表明了马克思对待布鲁诺·鲍威尔哲学和费尔巴哈哲学思想的态度，提出了全面剖析黑格尔哲学的必要性。

［笔记本I］共分为四个部分：工资、资本的利润、地租、［异化劳动和私有财产］。工资、资本的利润和地租，这前三个标题是马克思手稿原有的，最后一个标题是由编者加的。主要内容是马克思对工资、资本的利润和地租等概念的理解，其中最后

［异化劳动和私有财产］这一部分，是马克思对自己这一时期研究资产阶级经济学成果的哲学概括，并提出了“异化劳动”理论。可以说异化劳动是《手稿》最核心的部分，所以异化劳动理论就成了这一时期马克思分析资本主义产生、发展和灭亡的历史必然性的理论武器。

［笔记本II］只有［私有财产的关系］这一项内容。［笔记本II］，是已经遗失的一本笔记的结尾部分。它只保留了最后的4页（第40—43页），原来没有标题，［私有财产的关系］这一标题是编者加的。从残存的这几页的内容来看，它是对［笔记本I］的补充，是对异化劳动这一思想的深化、发展。主要内容是对资本主义政治经济学混淆资本与劳动本质区别的观点的批判，进一步揭示了劳动与资本的对立；分析了私有财产形式的发展，论证了土地所有权和资本的对立统一；最后，概括了私有财产运动。

［笔记本III］共有四个部分组成。第一部分：［对笔记本II第XXXVI页的补充］，［私有财产和劳动］；第二部分：［对笔记本II第XXXIX页的补充］，包括［私有财产和共产主义］、［对黑格尔的辩证法和整个哲学的批判］、［私有财产和需要］；第三部分：［增补］；第四部分：［片段］，包括［分工］、［货币］。主要内容是系统地阐述了马克思对共产主义的理解，在批判黑格尔哲学的同时，也升华了马克思对辩证法的认识和促进历史唯物主义的形成。

《手稿》虽然是由三个未完成的手稿组成的，保存得也不完整，但它们在思想内容上却有内在联系，并且反映了当时马克思思想的发展过程和理论研究的基本线索。它的理论结构和思想逻辑是从评价资产阶级经济学入手，并从资本主义经济事实出发，分析了资本主义经济关系，提出并论述了资本主义社会的异化劳动，进而以异化劳动概念为理论基础分析和论述私有财产的本质以及对它的扬弃，阐述了共产主义理论，然后具体地分析了需要、分工、货币等经济问题，最后批判了黑格尔哲学，并为异化劳动理论和共产主义理论提供了哲学的根据。

《手稿》的理论内容可分为相互联系的三个基本方面：第一，对资产阶级经济学的评述和对资本主义经济关系的分析，论证了异化劳动概念，并以异化劳动概念为核心，论述了正在形成中的马克思的政治经济学理论；第二，以异化劳动为理论基础，分析批判各种空想的社会主义、共产主义，阐述了正在形成中的马克思的共产主义观点；第三，全面批判黑格尔哲学，以主体与客体的关系为中心，阐述了正在形成中的辩证唯物主义和历史唯物主义观点。《手稿》展现了正在形成中的马克思主义三个组成部分的内在联系，展现了马克思主义三个组成部分是一个有机联系的整体。

《手稿》是马克思思想转变时期的理论成果，它并不是一部成熟的马克思主义著作，所以《手稿》由于受旧的理论影响，存在着许多用旧的术语表达新的思想的地方，具有明显的过渡性质，这是阅读《手稿》时要注意的。

第二章　《1844年经济学哲学手稿》到底说了啥

第一节　收入形式的“三剑客”

任何新思想的产生，都离不开对前人思想的借鉴和自我的思考，《手稿》的产生也是如此。马克思正是在研读政治经济学著作的同时发现了问题，产生了自己对政治经济学研究的独特想法，提出了自己的思想，并且给出了解决这个问题的途径。从《手稿》的内容中我们可以看到，马克思发现问题、提出问题和解决问题的思考过程。

从马克思写作《手稿》的历史背景中，我们可以看出，马克思所经历的一切都使得他对经济学产生了浓厚的兴趣，看到了人和人的关系必然是建立在一定的物质基础上的，但此时的马克思还不知道如何从经济学的角度来认识这个社会，所以他选择了从大量的政治经济学的著作中寻找答案。马克思在阅读的过程中，发现了人们的收入形式，无论是奴隶社会、封建社会还是资本主义社会，只要付出劳动就会有一定的收入，而这种收入形式决定了不同人的生活境况。马克思根据当时的社会现状，发现了三种收入形式反映的不同人的生活境况。这三种收入形式分别是工资、资本的利润和地租。

一、工资

（一）以工资为生就等于贫困

在工资这个片断里，马克思主要参考了亚当·斯密在《国民财富的性质和原因的研究》这部著作中的观点，并在摘录的过程中产生了自己的想法。同样是论述工资，马克思和斯密有着两种不同的思路：斯密是以分工开始他的体系研究的，而马克思则是从分析工资出发的。但是，马克思和斯密都认为，在工资的多少这个问题上是由资本家和工人之间的敌对斗争决定的。在这一争斗中，胜利必定是属于资本家的。

为什么胜利一定属于资本家呢？马克思认为拿工资的有三种人：一种是佣人，一种是工人，一种是职员。佣人拿的是工钱，工人拿的是工资，职员拿的是薪金和报酬。虽然他们的工资多少不一样，但是，这种付出劳动就有一定收入的形式，统称工资。马克思认为，如果在一个社会中只要你是拿工资的，那么你必定是贫穷的。因为马克思认为工人的劳动和他们的收入是没有关系的，工人的工资不是由工人劳动的多少算出来的，而是由雇佣工人的资本家制定出来的。所以工资和劳动是不对等的关系。因此马克思说："工资决定于资本家和工人之间的敌对斗争。胜利必然属于资本家。资本家没有工人能比工人没有资本家活得长久。……资本、地租和劳动的分离对工人来说是致命的。"①

工资是怎么算出来的呢？马克思认为，工人的工资是根据两个情况算出来的：一种情况是维持工人生活的最低费用。只有让工人活下去，才能继续为资本家提供劳动力，所以给予工人的工资必须能够维持他的生活，但仅仅是维持工人生活的最低费用。另一种是能够维持工人家庭生活的费用。工人只有养育后代，才能为资本家提供充足的劳动力资源。

在这样的情况下，工人成了商品，工人不是作为人而存在的。马克思认为，商品的价格是由市场上的供求关系决定的，所以工人作为"商品"，工人的价格——工资，也是由供求关系所决定的。当供给大于需求时，工人的工资会降低，因为他们是在买主（资本家）的眷顾下才获得工作的机会，这时候工人必然会屈从于资本家的无理要求，或者一部分工人丧失工作的机会。

（二）工人在资本主义社会三种不同状态中的地位

斯密认为，工人的工资与国家的经济发展状况有密切的关系。只有在国家经济退步的时候，工人的工资才会下降；当国家

①中共中央编译局.马克思恩格斯文集：第1卷［M］.北京：人民出版社，2009：115.

的经济情况处于相对稳定的时候，工人的工资也处于相对稳定；当国家财富处于增长的状况时，工人的工资也会随之增长。但是与斯密的看法不同，马克思对于这三种社会状况下的工人工资水平提出了自己的看法，马克思认为，无论社会处于什么样的状况，工人都逃脱不了贫困悲惨的命运。我们来看一下，马克思是怎么从社会财富的角度对此进行阐释的。

1. 在社会财富处于衰落状况时，工人遭受的痛苦最大

这种状况很好理解，当社会财富衰退时，整个社会的财富下降，资本家同样会受到影响，利润减少，资本家为了避免遭受更多的损失，必然会把损失转嫁到工人头上，减少工人的工资。马克思在《手稿》中指出："如果社会财富处于衰落状态，那么工人遭受的痛苦最大。因为，即使在社会的幸福状态中工人阶级也不可能取得像所有者阶级取得的那么多好处，没有一个阶级像工人阶级那样因社会财富的衰落而遭受深重的苦难。"①

2. 在社会财富增加时，是对工人唯一有利的状态，但是呈现出复杂的情形

首先，社会财富增长时，为获取更多的利润，资本家会扩大生产，因而他们对工人的需求会增大，并以增加工人工资的方式来竞争到更多的劳动力。这种看似有利于提升工人生活质量的状况，其实只是一种假象，工人反而会因此付出的更多。因为工资

① 中共中央编译局.马克思恩格斯文集：第1卷［M］.北京：人民出版社，2009：119.

的提高意味着工人必须付出更多的劳动，而过度的劳动就不得不牺牲自己更多的时间，从而导致工人寿命的缩短。更可悲的是，工人寿命的缩短对于整个工人阶级来说并不是苦难反而是一种有利的状况，因为当一部分人走向死亡的时候，就必然会不断产生对劳动的新需求，另一部分人就可以马上地补充上来。因此，马克思说："工资的提高引起工人的过度劳动。他们越想多挣几个钱，他们就越不得不牺牲自己的时间，并且完全放弃一切自由，在挣钱欲望的驱使下从事奴隶劳动。这就缩短了工人的寿命。工人寿命的缩短对整个工人阶级是一个有利状况，因为这样就必然会不断产生对劳动的新需求。这个阶级始终不得不牺牲自己的一部分，以避免同归于尽。"①

其次，当社会财富增长时，资本会得到大量的积累。在这样的情况下，资本家们开始互相兼并，大资本家为了赚取更多的利润就必然要扩大规模而兼并小资本家，小资本家迫于竞争的压力而不得不选择破产。这种大鱼吃小鱼的激烈竞争的结果是：一方面，形成少数大资本家；另一方面，破产的资本家就加入到了工人阶级的队伍，沦为工人。这样，工人人数增多了，工人就更加依赖于少数大资本家，进而工人之间的竞争变得越来越激烈，使得工人阶级在和资本家的斗争中处于非常不利的地位。因此，在这样的情形下，工人的工资反而减少了，因为竞争的加大促使

---

①中共中央编译局.马克思恩格斯文集：第1卷［M］.北京：人民出版社，2009：119-120.

工人阶级不得不付出更多的劳动，不得不被迫接受更低的待遇和更多的要求，以保证自己不失业。马克思在《手稿》中说："只有最富有的人才能靠货币利息生活。其余的人都不得不用自己的资本来经营某种行业，或者把自己的资本投入商业。这样一来，资本家之间的竞争就会加剧，资本的积累就会增强。""即使在对工人最有利的社会状态中，工人的结局也必然是：劳动过度和早死，沦为机器，沦为资本的奴隶（资本的积累作为某种有危险的东西而与他相对立），发生新的竞争以及一部分工人饿死或行乞。"①

正如马克思所说，还有一种情况就是当社会财富增加，机器被大规模运用时，工人逐渐沦为机器的零件。马克思说："资本积累的扩大分工，而分工则增加工人的人数，反过来，工人人数的增加扩大分工，而分工又增加资本的积累。"②面对这种资本积累的扩大、分工扩大的状况，对工人来说，其结果会怎么样呢？其结果只能是：工人日益完全依赖于一定的、极其片面的、机器般的劳动，使得工人在精神上和肉体上被贬为机器，只剩下抽象的活动和胃，胃就是使他们填饱肚子，再继续进行工作。这样就使得工人更加依赖于资本家，对于工资的多少更是完全由资本家来决定。

①中共中央编译局.马克思恩格斯文集：第1卷［M］.北京：人民出版社，2009：120-121.

②中共中央编译局.马克思恩格斯文集：第1卷［M］.北京：人民出版社，2009：120.

3. 在社会财富完满的状态时，贫困持续不变

所谓的“完满”是指，当一个国家的社会财富达至顶点、不会再增加的时候，工人的境况依然不会得到任何改善。

这就是工人工资在资本主义社会三种不同状态下的表现形态，即“在社会的衰落状态中，工人的贫困日益加剧；在增长的状态中，贫困具有错综复杂的形式；在达到完满的状态中，贫困持续不变”[①]。所以无论在什么情况下，工人都始终处于贫困、被剥削的状态。

马克思在分析了工人与贫困之间的必然联系之后，指出了资产阶级经济学家的理论与实际的矛盾。按照国民经济学的理论，劳动的全部产品应属于工人，但是经济学家们又说，工人实际上得到的是产品中最小的、没有就不行的部分，只得到他不是作为人而是作为工人生存所必要的那一部分，以及不是为繁衍人类而是繁衍工人这个奴隶阶级所必要的那一部分，这是自然的、合理的。按照国民经济学的理论，劳动可以购买一切东西，所谓的资本不过是劳动的积累，但实际上，恰恰是劳动的所有者——工人，不但远不能购买一切东西，而且还“不得不出卖自己和自己的人性”。按照国民经济学的理论，劳动是创造一切产品价值的源泉，是人的能动的财产，但是，“有特权的和闲散的神仙”——土地所有者和资本家，都“处处对工人占上风，并

①中共中央编译局.马克思恩格斯文集：第1卷［M］.北京：人民出版社，2009：122.

对他发号施令”。按照国民经济学的理论，劳动是唯一不变的物价（劳动是衡量一切产品价值的不变的尺度），可是再没有什么比劳动价格更具有偶然性，更受波动了。因此在马克思看来，国民经济学充满了矛盾，在国民经济学家眼中，工人只不过是一种“劳动的动物”，被作为“仅仅有最必要的肉体需要的牲畜”来看待的，他们抽象地把劳动看作物，人的具体的社会属性被这些经济学家排除在视野之外。

此时的马克思虽然接受了古典经济学家的关于工资理论的一些基本观点，但是在阶级立场上，马克思站到了资产阶级经济学家的对立面，因为马克思看到了资产经济学家的虚伪性，并且毫不留情地揭露了他们的理论：按照他们的意见，工人利益从来不同社会的利益相对立，工人的利益和资本主义社会利益相一致，但实际上，无论资本主义社会处于什么状态，总是对工人不利，总是不断加深对工人的剥削。按照国民经济学自身逻辑的发展本应得出，在资本主义制度下，由于雇佣劳动制度，劳动对工人来说是有害的，应该消灭这种“仅仅在于增加财富”的劳动；但他们都“不知道这一点”，这是因为他们是为资产阶级利益进行辩护的理论家。马克思形象地说道：“当国民经济学把无产者……仅仅当做工人来考察。因此，它可以提出这样的论点：工人完全像一匹马一样，只应得到维持劳动所必需的东西。当国民经济学不考察不劳动时的工人，不把工人作为人来考察，却把这种考察交给刑事司法、医生、宗教、统计表、政治和乞丐管理人去做。”[①]这揭露了资产阶级经济学家理论上的非科学性和掩饰真相、麻痹工人阶级的维护阶级利益的真实目的。

二、资本的利润

马克思谈到的第二种收入形式是资本的利润，即从资本中获得的利润。在这个议题中，马克思用四个部分的内容论述了自己对利润的看法。

（一）资本

马克思认为资本家的收入形式就是利润的大小。那么什么是利润？为了解释清楚什么是利润，马克思首先从资本谈起。

1. 资本的本质

什么是资本？首先，马克思指出，资本的本质就是“对他人劳动产品的私有权”[②]，这种“资本对劳动及其产品的支配权力”，是一种“不可抗拒的购买的权力”。也就是说，资本就是对他人劳动产品的私有权，资本的表现形式就是对支配他人劳动和一切劳动产品的权力。虽然马克思给出的资本的定义不是很明确，但实质上已经把资本的社会本质说出来了。

①中共中央编译局.马克思恩格斯文集：第1卷［M］.北京：人民出版社，2009：124.

②中共中央编译局.马克思恩格斯文集：第1卷［M］.北京：人民出版社，2009：129.

2. 资本家支配权力的来源

马克思认为，这种权力来源于资本家的“所有者”身份，这种“所有者”身份使资本家对他所拥有的东西（包括资本）享有支配权，能够用它来购买任何东西，包括劳动，并按照自己的意图使用它们。“资本家拥有这种权力并不是由于他的个人的特性或人的特性，而只是由于他是资本的所有者。他的权力就是他对资本的那种不可抗拒的购买的权力。”①

3. 资本和利润的关系

斯密认为：“基金，资金，是土地产品和工业劳动产品的任何积累。资金只有当它给自己的所有者带来收入或利润的时候，才叫做资本。”②可见，并不是所有土地产品和工业劳动的产品的积累都叫资本，只有那些能给占有者带来收入或利润的基金才能叫作资本。在这一观点上，马克思肯定了斯密的观点，认为资本是用来雇佣他人劳动，其目的在于获得利润的生产基金。只有有了生产基金之后，才能投入生产，有了生产才能带来利润，而利润就是资本家的收入。所以，马克思根据斯密的观点，揭示了资本和利润的关系——资本是利润的基础。这也是资本区别于其他东西的本质所在，即只有能够带来利润的资金才是真正的资本。

---

①中共中央编译局.马克思恩格斯文集：第1卷［M］.北京：人民出版社，2009：130.

②中共中央编译局.马克思恩格斯文集：第1卷［M］.北京：人民出版社，2009：130.

（二）资本的利润

利润是资本家的收入，但利润与工资不同。工资长期处于不变的状态，工资有固定的额度，不会轻易地改变，但是利润却是可以轻易改变的。所以为了追求利润，资本家必然会不惜一切来取得利润最大化，提高利润率。马克思提出了最低利润率和最高利润率的观点。所谓最低利润，就是整个资金投入生产以后，去除所必需的生产成本（包括工人的工资）以后的剩余部分。所谓最高利润，就是把生产成本压到最低的情况下，以获取最大的剩余。关于提高利润率的方式，马克思认为有两种："第一，通过分工；第二，一般地通过对自然产品加工时人的劳动的增加。人加进商品的份额越大，死资本的利润就越大。"①国民经济学家也认为"资本的利润同资本的量成正比"。因此，投入的资本越多，获取的利润越大，投入的劳动越多，利润就越多，所以资本家为了不断积累资本，提高利润率，他们不会把利润完全用于消费，而是把绝大部分利润转化为资本去购买劳动，投入到再生产活动之中。

（三）资本对劳动的统治和资本家的动机

在这部分里，马克思摘录了斯密和萨伊的观点，并且对这些摘录没有加任何评论和说明，看来是完全同意这些观点的。概括

①中共中央编译局.马克思恩格斯文集：第1卷［M］.北京：人民出版社，2009：132-133.

起来有以下几点：

首先，追逐利润是资本家进行投资的唯一动机。马克思说，资本家在决定把资本投入农业还是投入工业，是投入批发商业的某一部门还是投入零售商业的某一部门时，充满各种各样的考量。在这样的情况下，资本家不仅要考虑整个生产，而且最为主要的就是考虑整个投资用什么样的方式可以使自己的资本获得最大的利润。

其次，资本家的利益与社会的一般利益不一致。马克思正是看到了资本家以追逐利润最大化为目的，便预感到了在资本主义社会中将充斥着假冒伪劣的商品。

再次，资本家对工人的统治与压迫。资本家为了利润最大化，必将以各种手段降低生产成本，尽可能低地付给工人工资。

更为残酷的是，当国内获取的利润有限时，资本将向国外扩展，随之便会出现贩卖奴隶、无节制地开采矿产等情形。因此，资本家为了获得利润而形成的收入形式，使得人们生活在一个被金钱、被资本所裹挟的生活环境中，无论是资本家还是工人都被物质利益所控制，都被完全地异化了。

（四）资本的积累和资本家的竞争

为了追求利润，提高利润率，资本家会拼命积累资本，因为资本投入越多所获得的利润就越多。因此资本家为了积累更多的资本而开展竞争，竞争的过程就是资本积累的过程。在资本家之间激烈的竞争中，首先遭殃的就是小资本家。在这一点上，马克思同意资产阶级经济学家的观点，即资本积累就是大资本家通过自己的优势和多种方式击溃和吞并小资本家的过程，实现资本的快速增长，最终形成垄断。在垄断的情况下，资本家凭借垄断地位拥有了产品的定价权，垄断价格是高于市场价格的，因此这个时候资本家所获得的利润也是最多的。

此外，竞争是一个优胜劣汰的过程，为了在竞争中胜出，在这个过程中既会出现限制资本家随意提高价格的行为，也会导致无政府主义。因此，资本家的眼里只有产品，人（包括资本家和工人）在竞争中成为背景性的悲剧存在。

三、地租

马克思认为，资本主义社会存在着三大阶级：即资本所有者（资本家）、劳动者和土地所有者。与之相应的是三种收入形式，即利润、工资和地租。前文已经介绍了前两种收入形式，我们现在来看一下马克思是如何对地租进行分析和说明的。

（一）地租的实质

关于地租如何确定，决定地租多少有哪些因素的问题，马克思接受了国民经济学家斯密的观点，认为影响地租有两个因素，分别是土地的肥力和土地的位置。但马克思认为这种观点虽然有其合理之处，但是并没有看到地租的实质。首先，马克思认为土地的肥力和位置固然会影响着地租的多寡，但这只是土地的一个自然属性，要真正获得土地的所有权靠的是掠夺，他认为最初土地所有者是靠掠夺获得土地所有权的。其次，地租的价格取决于土地的肥力和土地的位置，而这两者与地主本人无关，换言之，地主在不用付出任何劳动的情况下就可以获得地租。所以地主和资本家一样，都是剥削者。

因此，马克思以此作为出发点，驳斥了斯密关于土地所有者始终同社会的利益相一致的论断，认为在私有制占统治的条件下，土地所有者的利益和整个社会利益是不一致的。因为地租的价格总是随着社会经济的繁荣而上涨，所以地主获得了社会繁荣发展所带来的增加的财富。而且，地主地租的来源主要是资本家与工人，由于土地资源的限制，资本家没有讨价还价的余地，因此，土地成本的上升，势必导致资本家为了保证自己的利益而压低工人工资。所以，马克思认为土地所有者的利益与社会利益是对立的。

（二）地租的形成

马克思认为土地和资本一样，都存在垄断的趋势，大地产和小地产之间的竞争关系同大资本和小资本之间的关系一样，进行着你死我活的竞争，其结果必然导致大地产的积累和大地产对小地产的吞并。但是，由于农业生产卷入激烈竞争之中，使得大部分地产流入资本家手中，从而使得资本家同时也是土地所有者，同样，一部分土地所有者转化为工业资本家，于是资本家和土地所有者之间的差别消失了，最终只剩下两个阶级：工人阶级和资本家阶级。

对于土地资本化的实质，马克思作了生动而又深刻的描述："地产的根源，即卑鄙的自私自利，也必然以其无耻的形式表现出来。稳定的垄断必然变成动荡的、不稳定的垄断，变成竞争，而对他人血汗成果的坐享其成必然变为以他人血汗成果来进行的忙碌交易。"[①]马克思认为，正是由于私有制的存在，促使了土地的兼并，而随着土地的兼并和生产力的发展，使得封建制度下的地主与农民的关系逐渐转换成了资本家和工人的关系。因此，也可以说，正是私有制的存在，使得封建主义逐渐消失，转变成了资本主义。

（三）地产分割的问题

在地租一节的结尾部分，马克思又讨论了关于地产分割的问题。马克思认为地产的分割虽然消灭了封建制度下的土地垄断，但是并没有消灭垄断的基础——私有制。换言之，地产的分割触及的只是垄断的存在形式，而没有触及垄断的本质。所以，在资本主义制度下，地产同样要遵从竞争规律，继而走向垄断。因此，要消灭土地垄断，就必须得消灭土地私有制，使得土地不再

①中共中央编译局.马克思恩格斯文集：第1卷［M］.北京：人民出版社，2009：151.

被买卖，成为人们可以自由劳动的真正的财产。

他以英国为例，说明了在资本主义条件下，地产的分割与垄断的发展已经完全受资本的运动规律所支配，马克思说："地产一旦卷入竞争，就要像其他任何受竞争支配的商品一样，遵循竞争的规律。它同样会动荡不定，时而缩减，时而增加，从一个人手中转入另一个人手中，任何法律都无法使它再保持在少数注定的人手中。直接的结果就是地产分散到许多人手中，并且无论如何要服从于工业资本的权力。"①所以，"封建的地产，不管它怎样设法挣脱，也必然要遭到分割，或者至少要落到资本家手中"②。在农业中，同在工业和其他资本主义经济部门一样，也会出现大鱼吃小鱼、小鱼吃虾米的社会现象，从分割走向垄断。由于竞争，租地农场主中有一部分人要沦为无产阶级，大土地所有者中也会有一部分人完全破产，农业工人的工资会进一步降低。因此，使得资产阶级和无产阶级的矛盾进一步尖锐化，从而必然导致革命的爆发。

（四）地产与资本

最后，马克思概括了地产与资本，即私有财产不同形式的历史结局——必然走向灭亡。"工业必然以垄断的形式和竞争的形

①中共中央编译局.马克思恩格斯文集：第1卷［M］.北京：人民出版社，2009：154.

②中共中央编译局.马克思恩格斯文集：第1卷［M］.北京：人民出版社，2009：153.

式走向破产，以便学会信任人，同样，地产必然以这两种方式中的任何一种方式发展起来，以便以这两种方式走向必不可免的灭亡。”[①]也就是说，作为私有财产不同形式的工业和地产，它们的历史结局是一样的，资本主义工业的发展结局是走向灭亡，那么当地产发展成为资本时，同样会走向不可避免的灭亡。马克思通过对地产运动的研究，揭示了人类社会发展的客观规律：资本主义经济是建立在私有制基础上的经济，因此资本主义最终走向灭亡是不可避免的历史命运。

通过对工资、资本的利润和地租的研究，马克思看到它们背后所蕴含的东西，就是每一种收入形式所映现出来的生活境遇是不同的。但在实际上，从人的角度上看，无论是工人、资本家，还是农民，他们又都是一样的，即都是一种异化状态，都生活在异化状态之下。

第二节 提出问题——异化劳动是什么

一、什么是异化劳动

什么是“异化”？简单地说，就是你创造了一种东西，但你创造的东西反过来支配你、反对你、奴役你。在马克思以前就有

①中共中央编译局.马克思恩格斯文集：第1卷［M］.北京：人民出版社，2009：154-155.

异化思想，异化思想并不是马克思的首创。异化最初是经济和法律用语，异化的概念早在17—18世纪，法国启蒙学者在阐述国家的产生、政治领域的问题时使用过，通常是指“权力的转化”“精神的错乱”等含义，卢梭、克罗修斯都用过异化概念，之后黑格尔又把异化的概念提到了哲学的高度。

黑格尔哲学中的“异化”这个词，也是从经济学家们及卢梭的《社会契约论》那里借来的。但是“异化”在黑格尔这里，已经远离了原来的意义，上升到了哲学的普遍性的高度。黑格尔认为，“异化”是绝对观念自身的活动，包含着自身的扬弃和复归。

费尔巴哈的“异化”是在批判宗教的意义上使用的。费尔巴哈的”异化”是指人本质的异化，就是人把自己的本质异化为上帝，并崇拜上帝，受上帝的支配。因此，只有消灭宗教，让异化为上帝的人的本质回归到人自身，才能使人成为真正的人。所以说费尔巴哈是在批判宗教的意义上使用“异化”概念的。

而马克思与黑格尔和费尔巴哈不同，马克思所关注的焦点不是精神的异化，也不是人的类本质的异化，而是劳动的异化。这种异化劳动是指，劳动者的劳动及其产品反过来奴役、反对、控制劳动者的劳动形态。比如，货币是人创造出来的，是为了方便人们使用的，但是在某种特定的阶段，货币却反过来奴役人、控制人，使人成为货币的奴隶。这种情况就叫异化。在马克思看来，人之所以成为人，是由生产劳动决定的，即生产劳动或自由自觉的活动，劳动是人区别于动物的本质。劳动联结着人与对象世界。

人是一种对象性的存在物，同时人又拥有包括体力、目的、计划、智慧等本质力量。人通过劳动，把人自己的本质力量转移、印刻在对象世界上，创造出一个属人的对象性世界。作为人的类本质的劳动，对象世界、劳动产品、对象性活动，应是人的本质力量的“表现”和“确证”。在马克思看来，劳动应该是劳动主体主动创造对象以实现自身的活动，应该体现着劳动主体的本质，但是在私有制条件下，劳动却变成了一种不依赖于劳动主体并反过来支配和奴役其自身的活动，劳动具有了异化的性质。

马克思的异化思想，是在研究工资、资本的利润和地租的过程中发现的，他看到了在这三个议题背后所映现的不同阶层人的境况，并在对这三个议题作出分析时提出了自己的思想观点——异化劳动。这是马克思第一次全面地、系统地提出异化劳动这一概念，并且论述了异化劳动的具体表现为四个方面：

（一）劳动者同劳动产品相异化

劳动产品本应归劳动者所有，但是由于机器设备等这些劳动对象属于资本家所有，所以劳动者没有自由使用机器设备等这些劳动对象的权力，劳动者只有自由出卖自己劳动力的权力。正因为如此，在资本主义社会中，劳动者不仅同劳动对象分离，而且劳动者同他的劳动产品也处于异化状态中。也就是说，劳动产品虽由劳动者创造，不但不为劳动者所拥有，反而成为支配劳动者的一个异己的力量，支配、奴役着劳动者。“工人在他的产品中的外化，不仅意味着他的劳动成为对象，成为外部的存在，而且意味着他的劳动作为一种与他相异的东西不依赖于他而在他之外存在，并成为同他对立的独立力量；意味着他给予对象的生命作为敌对的和相异的东西同他相对立。”[①] 所以，工人生产的产品作为一种异己的存在物，工人生产的产品数量越多，资本家获得的利润就越大，相比之下工人就越贫穷；所以这种境况是工人自己造成的，但工人又无法停止劳动，因为停止劳动就意味着死亡。这就是劳动者同劳动产品相异化，即劳动者创造出来的产品作为不依赖于劳动者的独立力量同他相对立，成为一种统治劳动者的力量。

（二）劳动本身与劳动者相异化

首先，劳动者在自己的劳动中并不是肯定自己，而是否定自己；并不感到幸福，而是感到不幸；并不自由地发挥自己的肉体力量和精神力量，而是感到自己的肉体受到损伤，精神受到摧残。其次，劳动此时不是自愿的劳动，而是一种被迫的强制劳动。劳动不是表现为目的，而只是满足劳动以外的其他各种需要的手段。最后，对劳动者来说，劳动的外在性就表现为他自己在劳动过程中不属于他自己，而属于别人。“劳动对工人来说是外在的东西，也就是说，不属于他的本质；因此，他在自己的劳动

①中共中央编译局.马克思恩格斯文集：第1卷［M］.北京：人民出版社，2009：157.

中不是肯定自己，而是否定自己，不是感到幸福，而是感到不幸，不是自由地发挥自己的体力和智力，而是使自己的肉体受折磨、精神受摧残。因此，工人只有在劳动之外才感到自在，而在劳动中则感到不自在，他在不劳动时觉得舒畅，而在劳动时就觉得不舒畅。因此，他的劳动不是自愿的劳动，而是被迫的强制劳动。这种劳动不是满足一种需要，而只是满足劳动以外的那些需要的一种手段。劳动的异己性完全表现在：只要肉体的强制或其他强制一停止，人们就会像逃避瘟疫般逃避劳动。……对工人来说，这种劳动不是他自己的，而是别人的；劳动不属于他；他在劳动中也不属于他自己，而是属于别人。”①在这种状况下，劳动对工人来讲成了一种外在的东西，是谋生的而不是乐生的，是手段性的而不是目的性的。

（三）劳动者同他的类本质相异化

马克思认为，自由自觉的劳动是人的“类特性”，人正是通过自由自觉的劳动证明了人是一种有意识的社会性的存在物。这是人与动物的本质区别。人有精神的需要，有自身的价值和尊严。而资本家把私有财产转变为资本，掌握着对象世界，包括劳动者的生活资料和生产资料，以及劳动产品。在资本主义制度下，一切都转变为商品，包括劳动者的劳动。劳动者的劳动目的不是满

①中共中央编译局.马克思恩格斯文集：第1卷［M］.北京：人民出版社，2009：159-160.

足实现自由自觉“类本质”的需要，而是成为维持自己肉体生存需要的手段，人的吃、喝、生育等类似动物性本能则成了人们追求的主要目标，即人的自由自觉的活动转变为谋生的活动。

（四）人同人相异化

马克思认为，以上三种事实所造成的结果，就是人同人相异化。工人在物质生产过程中不仅生产出与自身对立的产品，而且生产出一个跟劳动疏远的、站在劳动之外的人同这个劳动的关系。人不是独立存在的，人们每天都生活在人与人相互交往的关系中，人同自身的任何关系，只有通过人同其他人的关系才得到实现和表现。劳动和劳动产品是供人使用的，“如果劳动产品不是属于工人，而是作为一种异己的力量同工人相对立，那么这只能是由于产品属于工人以外的他人。如果工人的活动对他本身来说是一种痛苦，那么这种活动就必然给他人带来享受和生活乐趣，不是神也不是自然界，只有人本身才能成为统治人的异己力量”[①]。这个异己力量就是资本家阶级。因此，在马克思看来，私有财产是外化劳动，即工人对自然界和对自身外在关系的产物、结果和必然后果。而且马克思认为，通过异化劳动，不仅使得劳动者同劳动产品相异化，劳动本身与劳动者相异化，劳动者同他的类本质相异化，还使得人同人相异化，即使得人与人之间

①中共中央编译局.马克思恩格斯文集：第1卷［M］.北京：人民出版社，2009：165.

的关系变成对立关系。这就清晰表明，马克思在这里已经不是一般的研究社会关系，而是进展到研究资本主义社会的基本阶级关系，即工人与资本家之间的关系。

二、异化劳动的后果

马克思在《手稿》中从需要、生产和分工三个方面对异化劳动所造成的严重后果作了阐述，进一步分析了资本主义发展的动因和资本主义制度下不可避免的矛盾，分析了资本主义必然被共产主义代替的历史结局。

（一）需要

“需要”是重要的经济学范畴，它反映着一定社会制度下的生产目的、道德作用和复杂的经济关系，由于这个时候的马克思还没有建立起自己的政治经济学，所以这里对需要、生产等范畴的分析还带有思辨推理和简单化的表现。

马克思一开始就从人的本质出发，提出在社会主义下和私有制下人的不同的需要。他从社会制度的对立中把握人的需要及其本质，指出“在社会主义的前提下，人的需要的丰富性，从而某种新的生产方式和某种新的生产对象具有何等的意义：人的本质力量的新的证明和人的本质的新的充实”。也就是说，只有在社会主义下人的需要才能全面展示和得到满足，达到人的本质需要的真正实现。这里所讲的人的需要，包括物质需要和精神需要，马克思重点强调对前者的分析，从中可以看出他的唯物主义立场。但是，马克思说，“在私有制范围内，这一切却具有相反的意义”，即私有制使需要带有异化的性质，具体表现为下列几点：

1. 每个人都千方百计地在别人身上唤起新的需要，以便迫使他人做出新的牺牲，使对方处于一种新的依赖地位。

2. 每个人都力图创造出一种支配他人的异己的力量，以便使自己的利己主义得到满足。因此，随着产品数量的增长，压制人的异己本质的王国也在扩展，而每一种新产品都是产生相互欺骗和相互掠夺的新的潜在力量。

3. 无产者的贫穷随着货币权力的增加而日益增长。马克思在论证需求与货币关系时说：“无度和无节制成了货币的真正尺度。”①一切具体的物的有用性都异化为货币，有了货币就有了一切，货币的需要制约并且决定着一切需要的需要，货币成了唯一需要。也就是说，每个人都企图损害他人的利益来增加自己的财富。这种关系最明显地表现在工人阶级和资本家阶级身上，在资本主义私有制条件下，把人的需要非人化，工人的需要已经降到了仅能维持生存的程度，而这种非人的需要，却正是资本家获取利润的手段。这种损害他人来满足自己需要，增加自己财富的想法，既统治了劳动者也支配着资本家，人们都在这种异化的状态下迷失了自己，失去了人的本质。马克思总结道：“异化既表

① 中共中央编译局.马克思恩格斯文集：第1卷［M］.北京：人民出版社，2009：224.

现为我的生活资料属于别人，我所希望的东西是我不能得到的、别人的占有物；也表现为每个事物本身都是不同于它本身的另一个东西，我的活动是另一个东西，而最后，——这也适用于资本家，——则表现为一种非人的力量统治一切。”[①]即货币成为购买一切和支配一切的力量。

4. 异化劳动导致工人与资本家在物质生活上的两极分化。马克思这样描述道：“一方面出现的需要的精致化和满足需要的资料的精致化，却在另一方面造成需要的牲畜般的野蛮化和彻底的、粗陋的、抽象的简单化，或者毋宁说这种精致化只是再生出相反意义上的自身。……甚至对新鲜空气的需要也不再成其为需要了。人又退回到洞穴中居住，不过这洞穴现在已被文明的污浊毒气所污染，而且他在洞穴中也是朝不保夕，仿佛这洞穴是一个每天都可能离他而去的异己力量，如果他付不起房租，他每天都可能被赶走。……机器、劳动的简单化，被利用来把正在成长的人、完全没有发育成熟的，——儿童——变成工人，而工人则变成了无人照管的儿童。机器迁就人的软弱性，以便把软弱的人变成机器。”[②]这就是马克思笔下关于工人生活的真实写照，工人不再以人的方式存在，他不仅失去了人的需要，甚至失去了动物的需要。可见，在这里，马克思联系需要问题实则论述了工人贫

①中共中央编译局.马克思恩格斯文集：第1卷［M］.北京：人民出版社，2009：233.

②中共中央编译局.马克思恩格斯文集：第1卷［M］.北京：人民出版社，2009：225-226.

困的原理。从而，工人的粗陋的需要与富人的考究的需要形成了鲜明的对照。国民经济学把尽可能贫乏的生活当作计算的标准，把工人变成没有感觉和没有需要的存在物。这反映了资本主义社会两个敌对阶级的截然不同的需要，这种需要血淋淋地反映着社会关系、社会性质和阶级对抗。

不仅如此，马克思还用对比的手法，深刻揭示出资本主义生产对资本家和工人所具有的不同意义。马克思说："生产对富人所具有的意义，明显地表现在生产对穷人所具有的意义中；对于上层来说则表现得讲究、隐蔽、含糊，是表象；而对于下层来说则表现得粗陋、明白、坦率，是本质。工人的粗陋的需要是比富人的讲究的需要大得多的赢利来源。"①工人的粗陋的需要也成了资本家赚取利润、发财致富的对象。这样，马克思就进一步揭露了资本主义制度的对抗性质和资产阶级政治经济学的资产阶级性质，也就进一步说明了为什么工人阶级必将成为埋葬资本主义制度的社会力量。

5. 国民经济学不仅是关于财富的科学，而且是关于克制、穷困和节约的科学。

马克思尖锐地指出，正是由于资本家阶级的需要和满足需要资料的增长，造成了工人阶级需要的丧失和满足需要的资料的丧失。但是，国民经济学家为了维护资产阶级的自身利益却作出了

①中共中央编译局.马克思恩格斯文集：第1卷［M］.北京：人民出版社，2009：229.

违背事实的论证，马克思总结道，“他把工人的需要归结为维持最必需的、最悲惨的肉体生活，并把工人的活动归结为最抽象的机械运动；于是他说：人无论在活动方面还是在享受方面都没有别的需要了”[①]，国民经济学家们“把工人变成没有感觉和没有需要的存在物，正像他把工人的活动变成抽去一切活动的纯粹抽象一样。因此，工人的任何奢侈在他看来都是不可饶恕的，而一切超出最抽象的需要的东西——无论是被动的享受或能动的活动表现——在他看来都是奢侈”[②]，“实际上它甚至要人们节约对新鲜空气或身体运动的需要”[③]。因此，马克思说，国民经济学对资本家来说，是一门“关于财富的科学”；对工人来说，是一门“勤劳的科学”，同时也是“禁欲主义的科学”，它的基本教条是“自我节制，对生活乃至人的一切需要都加以节制”[④]。国民经济学之所以向工人宣扬禁欲主义，就是为了抑制工人的消费，压低他们的工资。

在对待生产和需要（需求、消费）的理论上，国民经济学曾经进行过争论。争论的一方以罗德戴尔、马尔萨斯为代表，另一

①中共中央编译局.马克思恩格斯文集：第1卷［M］.北京：人民出版社，2009：226.

②中共中央编译局.马克思恩格斯文集：第1卷［M］.北京：人民出版社，2009：226.

③中共中央编译局.马克思恩格斯文集：第1卷［M］.北京：人民出版社，2009：226.

④中共中央编译局.马克思恩格斯文集：第1卷［M］.北京：人民出版社，2009：226.

方以李嘉图和萨伊为代表。前者赞成奢侈而咒骂节约，后者则推崇节约而咒骂奢侈。前者认为，奢侈、挥霍是直接发财致富的手段，而后者推崇节约是为了生产出财富。

在评述这两派的观点时，马克思认为两派都有片面性，而且都没有抓住事物的本质。他指出：国民经济学关于奢侈和节约的争论，不过是已弄清了财富本质的国民经济学同正沉湎于浪漫主义的反工业的回忆的国民经济学之间的争论。但是双方都不善于把争论的对象用简单的词句表达出来，因而双方相持不下，而且争论双方都忘记了挥霍和节约，奢侈和困苦，富有和贫困的统一性。尤其他们不懂得用异化概念进行分析。但在分析中，马克思对李嘉图予以公正的评价，指出他的经济学是用“国民经济学……的语言说话”，而不是用道德的语言说话的。而对马尔萨斯等人，马克思则认为，他们信奉反工业主义的浪漫主义经济学。马克思指出，上述两派都“没有体验到这种财富是一种凌驾于自己之上的完全异己的力量”①。因而只有把劳动理解为私有财产的本质，才能弄清楚国民经济学的运动本身的真正性质。马克思这一论点，在他以后的著作中得到了进一步的发展。

（二）分工

在《手稿》中，马克思从他的异化劳动观点出发，研究了亚

①中共中央编译局.马克思恩格斯文集：第1卷［M］.北京：人民出版社，2009：234.

当·斯密、让·巴·萨伊、斯卡尔贝克、穆勒等经济学家关于分工的论述，并进行了比较分析。他大量摘引了这些经济学家关于分工的论述中有意义的内容，指出了他们的一致性，同时又剖析了他们观点上的差异，提出自己对于分工的观点。

在《手稿》中，马克思对以亚当·斯密为代表的国民经济学家的观点作了综合归纳，认为分工可以无限提高劳动生产力；斯密认为分工起源于交换和交易的倾向，这实际是指人们运用理性和语言的结果，也就是说分工起源于人的天性。斯密认为交换者的动机不是人性，而是人的利己主义。人的才能的差异与其说是分工（即交换）的原因，不如说是分工的结果，他强调分工对交换的依赖，认为分工随市场的扩大而变化并受到它的限制。在进步状态的社会中，每个人都是商人，从而形成一个商业社会。

马克思指出，萨伊对交换是忽视的，即认为交换是偶然的、非基本的东西，分工是人力的巧妙运用和退化，社会没有交换也可以存在。只有在文明社会中，交换才是必要的。萨伊认为，分工一方面是一个方便的有用的手段，但同时又“使每一单个人的能力退化”。马克思说，后者是对的，即同马克思的异化概念接近。

马克思认为，斯卡尔贝克强调分工和交换的联系，并且认为私有财产是交换的必要前提。他用客观的形式表述了斯密、萨伊、李嘉图等人的观点，斯密等人已经指出利己主义、私人利益是交换的动机，并把买卖视为交换的形式。

马克思指出，穆勒则着眼于分工同采用机器有关，他发挥了斯密的两个观点：一是认为商业是分工的结果；二是认为分工和采用机器可以促进财富的大量生产和生产集中。

马克思基本同意斯密的说法，强调分工的人性和社会性，强调分工既是人本身能力的需要，又是社会交换需要的相互结果。总之，国民经济学家的说法都是大同小异的，马克思指出了资产阶级经济学家在分工问题上的一致性："全部现代国民经济学一致同意：分工同生产的丰富，分工同资本的积累是相互制约的；只有自由放任的、自行其是的私有财产才能创造出最有利的和无所不包的分工。"[①]根据这些资产阶级经济学家关于分工的论述，马克思看到了财富和贫困、资本和劳动的矛盾。

随后，马克思对这一问题作了一个简要的小结，他指出："对分工和交换的考察具有极为重要的意义，因为分工和交换是人的活动和本质力量——作为类的活动和本质力量——的明显外化的表现。"[②]他从异化劳动这个观点出发作了说明，认为分工是关于异化范围内的劳动社会性的国民经济学的用语。这也就是说，分工是资产阶级经济学家用来表示资本主义社会的社会化大生产的一个用语。"劳动只是人的活动在外化范围内的表现，只是作为生命外化的生命表现，所以分工也无非是人的活动作

①中共中央编译局.马克思恩格斯文集：第1卷［M］.北京：人民出版社，2009：239.

②中共中央编译局.马克思恩格斯文集：第1卷［M］.北京：人民出版社，2009：241.

为真正类活动或作为类存在物的人的活动的异化的、外化的设定。”[①]也就是说，分工并不神秘，因为劳动不过是人的活动在外化范围内的表现，不过是作为生命外化的表现，所以分工也无非是人的活动作为真正的类活动，或作为类存在物的人的活动异化或外化的设定。可见，马克思在这里研究分工的目的主要是为了揭示私有制的起源，并把分工作为异化的一种形式。所以，马克思把分工看作是社会化大生产，并且把它看作是发展生产力的一个主要动力，充分肯定了分工对生产发展的促进作用。

值得注意的是，马克思在研究分工和交换的问题时，得出了一个非常重要的结论——私有制必然消灭。马克思批判了国民经济学对于分工的本质讲得极不明确而且是自相矛盾的。他说：“分工和交换以私有财产为基础，不外是断言劳动是私有财产的本质，国民经济学家不能证明这个论断而我们则愿意替他证明。分工和交换是私有财产的形式，这一情况恰恰包含着双重证明：一方面人的生命为了本身的实现曾经需要私有财产；另一方面人的生命现在需要消灭私有财产。”[②]这就是说分工以及交换、异化、私有财产等都是符合逻辑的，都是人类社会发展的必然产物，都是历史性的范畴。也就是说，作为特定历史条件——私有制条件下的分工和交换是以私有制为前提，它们随着私有制的产

①中共中央编译局.马克思恩格斯文集：第1卷［M］.北京：人民出版社，2009：237.

②中共中央编译局.马克思恩格斯文集：第1卷［M］.北京：人民出版社，2009：241.

生而产生，随着私有制的消灭而消灭，这里仅仅指对私有制范围内的分工和交换的考察，是在这种条件下的发生和发展，而且马克思是从历史发展的角度来看待这个问题的。

“人的生命为了本身的实现曾经需要私有财产”①，指的就是资本主义替代封建主义的历史必然过程。因为随着生产力的发展，封建的生产关系严重束缚了需要进一步发展的生产力，当生产关系不再适应当下的生产力发展时，那么必然会出现制度的更迭和生产关系的转换。所以资本主义私有制并不是没有积极作用的。正是因为“曾经需要私有财产”，导致了以资本主义私有制为基础的生产关系取代了封建的生产关系，它在历史上是起到过积极的作用的。这里马克思所说的“另一方面人的生命现在需要消灭私有财产”也同样是从历史发展的角度来说的，马克思把资本主义制度的产生、存在看作是有其历史必然性的。然而，在资本主义私有制的基础上，分工和交换空前地发展了起来，形成了资本主义的社会化大生产的生产力，这种性质的生产力和资本主义私有制必然发生矛盾，它要求生产关系必须与它相适应，而能与社会化大生产相适应的只有公有制，所以马克思说“现在需要消灭私有制财产”。由此可见，马克思已经开始关注到资本主义社会的基本矛盾问题，即社会化大生产和资本主义生产资料私有制之间的矛盾。这也是他关于资本主义必然灭亡和共产主义必然

①中共中央编译局.马克思恩格斯文集：第1卷［M］.北京：人民出版社，2009：241.

胜利的根本原因的思想，在这里，这种思想以萌芽的形态初步形成了。

（三）货币

按照马克思的解释，异化在货币中达到了顶点。“货币是一种外在的”，对“一切事物的普遍的混淆和替换”，货币把一切都颠倒了，马克思从货币能够购买一切的物出发，分析了货币作用的更为深远的非人化的后果。

其一，马克思指出研究货币的重要性，这是由货币的本质和地位所决定的。

“货币，因为它具有购买一切东西的特性，因为它具有占有一切对象的特性，所以是最突出的对象。”[①]在这一论述中，他已经明确提出了货币作为购买手段的职能特征，并含有特殊商品的因素。与此相联系，马克思认为，货币是万能之物，并从货币拜物教观点方面作了论述。他指出，“货币的特性的普遍性是货币的本质的万能。”[②]在资本主义社会里，商品经济居于统治地位，一切都是商品，商品就是一切。因此，货币作为交换的普遍媒介物把一切都变为买卖的对象，货币的这种特性的普遍性是货币的本质的万能；凡是作为个人所不能做到的，依靠货币都能做

①中共中央编译局.马克思恩格斯文集：第1卷［M］.北京：人民出版社，2009：242.

②中共中央编译局.马克思恩格斯文集：第1卷［M］.北京：人民出版社，2009：242.

到。因而“货币的力量多大，我的力量就多大。货币的特性就是我的——货币占有者的——特性和本质力量”[①]。所以它被当成万能之物，从而把一切人的关系都弄颠倒了。货币力量越增加，人作为人就越来越贫穷。

其二，货币是一种媒介物。

尽管马克思还受到费尔巴哈人本主义的影响，但却已经阐发了这一问题的重要论点。他指出：“货币是需要和对象之间、人的生活和生活资料之间的牵线人。但是，在我和我的生活之间充当中介的那个东西，也在我和对我来说的他人的存在之间充当中介。”[②]只有以货币为“媒介”才能把人们的主观愿望变成现实，货币成了“真正的创造力”。因为货币可以购买一切东西、占有一切物品，它成为普遍的交换手段，被当作“人们和各民族的普遍牵线人”。马克思在《手稿》中还认为，货币是联结人与人、人与社会、人与自然的纽带，并指出，货币是联系一切纽带的纽带。作为货币，它还具有“结合手段”“社会的化合力”和“离间手段”的职能。由此可见，在上述观点中，已经包含着后来马克思关于货币的职能和生产关系思想的萌芽。

其三，马克思最后把货币归结为异化劳动的外在化，从异化劳动角度研究了货币的本质。

①中共中央编译局.马克思恩格斯文集：第1卷［M］.北京：人民出版社，2009：244.

②中共中央编译局.马克思恩格斯文集：第1卷［M］.北京：人民出版社，2009：242.

他指出："货币的这种神力包含在它的本质中，即包含在人的异化的、外化的和外在化的类本质中。它是人类的外化的能力。"[①]作为媒介，货币是一种真正的创造力。从而，货币是一种外在的、能够把观念变成现实，而又把现实变成纯观念的普遍的手段和能力，被当作万能之物。马克思从人的本质异化的观点，解释了货币成为万能之物的根源。他认为，货币直接地体现了物对人的统治力量，反过来说，人的异化在货币中获得最充分的表现。所以在资本主义社会，对货币的需要成为唯一的需要，它决定并制约着对其他一切的需要。无限制和无节制成了货币的真正尺度。货币拥有了支配一切人和物的力量，最为充分地表现出了物对人的统治。

其四，货币异化的这种特性，成为颠倒黑白的力量。

马克思把货币同有效需求联系在一起，并且作了十分精彩的论述。他认为，货币可以把观念、欲望、想象转化为现实的存在。固然，没有货币的人也有需求，但他的需求只是一种观念的东西，从而是一种无效的需求。而"以货币为基础的有效的需求和以我的需要、我的激情、我的愿望等为基础的无效的需求之间的差别，是存在和思维之间的差别"。例如，我想旅行，但又缺乏货币，就是一种无效需求。所以，在私有制社会中，货币变成"受尊敬的"东西，因为它可以把坚贞变成背叛，把爱变成恨，

①中共中央编译局.马克思恩格斯文集：第1卷［M］.北京：人民出版社，2009：245-246.

把奴隶变成主人，它能“迫使仇敌互相亲吻”。

这种货币的异化使人和自然的性质颠倒和混淆，破坏了人们之间合乎人性的真正关系。“它把坚贞变成背叛，把爱变成恨，把恨变成爱，把德行变成恶行，把恶行变成德行，把奴隶变成主人，把主人变成奴隶”[①]，“因为货币作为现存的和起作用的价值概念把一切事物都混淆了、替换了，所以它是一切事物的普遍的混淆和替换，从而是颠倒的世界，是一切自然的品质和人的品质的混淆和替换”[②]。因此，在资本主义社会里，货币就是上帝的化身，它万能，它是一切。资本家有了它才能进行统治剥削，才能成为社会的主人，国民经济学的一切研究归根到底是把对它的需要作为唯一的需要。对它来说，它能使一切混淆和颠倒，它是万能和至高无上的。对于人来说，它使得人与人的本质相分离。从而，货币所交换的不是特定的性质，即不是特定的事物或特定的人的本质力量，而是人的、自然的整个对象世界。

因此，马克思认为，货币的这种神奇的作用，正是人的本质的异化和颠倒，是资本主义私有制条件下异化劳动的产物，是资本主义经济关系的变现。在资本主义社会里，“一切激情和一切活动都必然淹没在发财欲之中”，马克思生动而深刻地揭示了资本主义社会里人们相互关系和一切活动的本质特征。

---

①中共中央编译局.马克思恩格斯文集：第1卷［M］.北京：人民出版社，2009：247.

②中共中央编译局.马克思恩格斯文集：第1卷［M］.北京：人民出版社，2009：247.

从马克思对货币异化的分析中可以看出，马克思的货币论尚处于萌芽和形成的阶段，即他在主张人本主义和异化论的同时，又吸取了古典经济学和其他流派的某些观点，带有道德的谴责色彩。总的来说，仍具有过渡性特点。

因此，通过对需要、分工和货币的分析阐述，马克思形象而尖锐地指出了异化劳动给工人带来的严重后果：异化劳动为富人制造了珍品，但为工人生产了赤贫；劳动创造了宫殿，却给工人造成了贫民窟；劳动生产了智慧，而给工人生产了愚钝和痴呆。异化劳动甚至造成严重的恶果，它使工人从现实中被排斥出去，直至饿死。由此可见，资产阶级思想家把马克思的异化理论篡改为虚伪的、超阶级的人道主义是毫无根据的。马克思最后指出，要建立合乎人性的未来社会，在这个社会里，这种黑白颠倒、是非混淆，人不能称其为人的现象就会完全改变。他说："我们现在假定人就是人，而人对世界的关系是一种人的关系，那么你就只能用爱来交换爱，只能用信任来交换信任。"[①]这就是说，在未来的社会里，人的本质力量将获得充分发展，人们从物的统治下真正解放出来，到那时每个人将获得全面发展而成为完全的人、真正的人，人的感觉与特性也将彻底摆脱私有财产的束缚与支配而得到充分发展。

①中共中央编译局.马克思恩格斯文集：第1卷［M］.北京：人民出版社，2009：247.

三、异化劳动的根源

对于任何一个问题的解决，首先要找到导致问题出现的根源，只有找到根源才知道如何解决问题，异化劳动问题也是如此。马克思通过对异化劳动的分析，发现异化劳动与私有财产之间互为因果的关系。也正是基于对异化劳动的分析，使得马克思看到了国民经济学的缺陷，进而展开了对国民经济学的批判。

（一）私有财产的起源

马克思在《手稿》中提到的“私有财产”主要是指资本主义生产关系中的私有财产。人类通过劳动把自我的本质力量对象化于外部世界（自然界），得到了满足自己生存的劳动产品，而这一过程也是外化劳动的过程。随着人们劳动能力（生产力）的提高，外化劳动得到了更多的劳动产品，除了满足自身需要以外，出现了产品剩余，有了剩余就随之出现了交换与分工，此时产生了一般意义上的私有财产。当通过暴力及其他手段，私有财产逐渐聚集在少数人手中时，这一部分人就具备了统治他人并占有他人劳动的力量。尤其到了资本主义社会，这些少数人不但占有了物质意义上的私有财产（资本），同时也占有了他人的劳动，使劳动者不但与自己的劳动相异化，同时也与他自身及他的社会关系相异化，此时的劳动成了真正意义上的异化劳动，而那些占有劳动的人也就占有了全部的、包含着资本和劳动两方面的私有财产。

马克思在《手稿》中指出了资产阶级政治经济学在私有制问题上的缺陷。资产阶级政治经济学是从私有制出发的，并认为私有制是从来就有、永恒不变的，是一个不必论证的事实。所以，资产阶级政治经济学根本不研究私有制的起源及其合理性问题，反而把私有制看成神圣不可侵犯的而竭力为其辩护。对此，马克思明确指出："国民经济学从私有财产的事实出发。它没有给我们说明这个事实。它把私有财产在现实中所经历的物质过程，放进一般的、抽象的公式，然后把这些公式当作规律。它不理解这些规律，就是说，它没有指明这些规律是怎样从私有财产的本质中产生出来的。国民经济学没有向我们说明劳动和资本分离以及资本和土地分离的原因。"①这样，资产阶级经济学家由于其阶级局限性，加上以唯心主义和形而上学的世界观为指导，必然不可能揭示私有制的起源和资本主义私有制的发展规律。

（二）私有财产与异化劳动的相互作用的关系

关于异化劳动和私有财产的关系，马克思是这样论述的："通过异化的、外化的劳动，工人生产出一个同劳动疏远的、站在劳动之外的人对这个劳动的关系。工人对劳动的关系，生产出资本家——或者不管人们给劳动的主宰起个什么别的名字——对这个劳动的关系。因此，私有财产是外化劳动即工人同自然界和

①中共中央编译局.马克思恩格斯文集：第1卷［M］.北京：人民出版社，2009：155.

对自身的外在关系的产物、结果和必然后果。因此，我们通过分析，从外化劳动这一概念，即从外化的人、异化劳动、异化的生命、异化的人这一概念得出私有财产这一概念。诚然，我们从国民经济学得到作为私有财产运动之结果的外化劳动（外化的生命）这一概念。但是，对这一概念的分析表明，尽管私有财产表现为外化劳动的根据和原因，但确切地说，它是外化劳动的后果，正像神原先不是人类理智迷误的原因，而是人类理智迷误的结果一样。后来，这种关系就变成相互作用的关系。私有财产只有发展到最后的、最高的阶段，它的这个秘密才重新暴露出来，就是说，私有财产一方面是外化劳动的产物，另一方面又是劳动借以外化的手段，是这一外化的实现。”①

从马克思这段话中可以看到，马克思认为，异化劳动和私有财产是相互作用、互为因果的辩证关系。私有财产一方面是异化劳动的产物，另一方面又是劳动借以外化的手段，是外化的实现过程。私有财产的运动本身就是私有财产的异化过程，这一过程又“滋生”和“升华”了“异化”，资本的吃人本性是要榨干劳动者身上的每一滴血汗，私有财产的不断运动加剧了社会的异化状态。

其中，“私有财产一方面是外化劳动的产物”②，这句话是

①中共中央编译局.马克思恩格斯文集：第1卷［M］.北京：人民出版社，2009：166.

②中共中央编译局.马克思恩格斯文集：第1卷［M］.北京：人民出版社，2009：166.

说，私有财产作为物质内容来说，是由劳动创造的，是异化劳动的产物。它强调从人和自然界的关系来讲异化劳动和私有财产的关系。“另一方面又是劳动借以外化的手段，是这一外化的实现。”[①]这句话是从私有财产作为一种生产关系的角度来说的，正是由于劳动与资本的分离，这种资本主义生产关系才使劳动成为异化劳动。即劳动的异化性质是由资本主义生产资料私有制为基础的生产关系决定的。马克思认为，私有财产作为外化劳动手段的这个秘密，只有在其发展到“最后的、最高的阶段”才“重新暴露”出来，而马克思在《手稿》中把资本主义当作共产主义前最后一个阶级社会，也就是私有财产合理存在的最后一个社会，因此，马克思在这里所说的最后阶段就是指“资本主义社会”。所以，我们可以这样理解这句话：在前资本主义社会，也存在着私有财产，这时的私有财产是外化劳动的结果，但它作为一种物质力量，例如作为劳动工具时，也是劳动外化的手段，而且促进了劳动的发展。到了资本主义阶段，私有财产由于自身膨胀的需求而要求更多，同时也促成更多劳动的外化，而此时的外化劳动也成为真正意义上的异化劳动。异化劳动与私有财产交互作用、相互促进的关系，到了资本主义阶段变得最为明显，两者以越来越强大的力量，统治着劳动者。

马克思还指出了消灭异化劳动和私有财产的途径，“异化劳

①中共中央编译局.马克思恩格斯文集：第1卷［M］.北京：人民出版社，2009：166.

动是私有财产的直接原因。因此，随着一方衰亡，另一方也必然衰亡”[①]，“社会从私有财产等等解放出来、从奴役制解放出来，是通过工人解放这种政治形式来表现的”[②]。因此，异化劳动的衰亡是历史不可避免的进程，私有财产作为异化劳动的结果，也将随着异化劳动的衰亡而衰亡。工人作为异化劳动的主体，其自身就是否定异化劳动的积极力量。工人只有摆脱这种奴役状态，才能解除生产中的劳动异化关系，才能最终消灭私有财产。因此，工人解放，不仅解放着他与外界的自然联系，同时也解放着他与他自身、他与他人的社会关系，最终促成整个社会多方位的、全面的解放。

（三）私有财产存在的后果

在资本主义条件下，私有财产本质上就是劳动。当然，这里的劳动已经是外化了的劳动，工人作为人的本质已经丧失，人的主体的价值得不到体现，生命活动已经失去了自主性。在现实生活中，人因劳动本身的异化而不能表现为自由自觉的生命活动，劳动异化的本质就在于对私有财产的不同占有关系。财产的占有关系不同直接导致了生存方式的不同，工人的境遇与资本家的境遇可以说是天壤之别。这种不同的占有关系在整个社会中表现

①中共中央编译局.马克思恩格斯文集：第1卷［M］.北京：人民出版社，2009：167.

②中共中央编译局.马克思恩格斯文集：第1卷［M］.北京：人民出版社，2009：167.

为人与人之间的经济、政治、文化等各种形态的不平等关系。同时，也正是这种生活境遇上的分化和不平等，最终将导致无产阶级革命的爆发。

（四）私有财产的积极扬弃

所谓扬弃，一方面是对事物在历史发展中的合理性因素的肯定，予以保留和继承；另一方面是对事物的否定，使旧事物在螺旋上升的变化中向更高的阶段发展，实现旧事物向新事物的转化，进而推动事物的发展。它是历史的一种必然的逻辑过程。积极扬弃就是否定之否定的辩证法，否定私有财产奴役人的本质，对人的占有关系，肯定其作为财富积累的手段，为生产力的发展和前进奠定物质基础。马克思认为，对于扬弃并不仅仅是理论上的停留，更是现实斗争的需要，工人阶级必须用革命的手段与力量，才能达到彻底消除异化之目的。

马克思认为，异化劳动同样也是一个历史性的范畴，是暂时的存在，异化劳动也有其产生、发展到消亡的过程。马克思指出，异化劳动是产生私有财产的直接原因，当一方衰亡的同时，另一方也必然衰亡。所以，资本主义的私有财产也是一个历史性存在，扬弃私有财产是历史发展的必然选择。而且“私有制是一种把私有财产看成人的本质力量的异化的过程，即造成人类本应具有的本质力量越来越远的原因”。我们只有消灭私有制，异化劳动才会消失，劳动才能获得真正意义上的解放。私有财产作为私有制社会的直接物质表现，其产生是人类社会历史发展的必经阶段，随着人类实践活动的不断发展，私有财产最终将走向消亡，退出历史舞台。同时，私有财产作为人类劳动外化的手段与表现，也积累了丰富的物质财富，为人类社会向更发达的社会形态的发展提供了物质基础。

（五）扬弃私有财产的手段

马克思指出："共产主义是对私有财产即人的自我异化的积极的扬弃，因而是通过人并且为了人而对人的本质的真正占有；因此，它是人向自身、也就是向社会的即合乎人性的人的复归，这种复归是完全的复归，是自觉实现并在以往发展的全部财富的范围内实现的复归。"①

可见，扬弃私有财产是扬弃人的劳动活动的异化状态，把人从异化的状态中解放出来，成为自身命运的主宰者与控制者，从而把对抗性矛盾关系变为对人的本质的真正占有关系，实现在人与自然、人与社会相统一的基础上向社会的人的复归，成为真正意义上的"人"。因此，共产主义是扬弃私有财产的必由之路。

①中共中央编译局.马克思恩格斯文集：第1卷［M］.北京：人民出版社，2009：185.

四、关于私有财产关系

关于私有财产关系的本质，马克思对此作了明确的回答：私有财产的关系是劳动、资本以及二者的关系。马克思用辩证的观点揭示了工人与资本的对立和统一，从而超过了国民经济学的水平。

（一）劳动和资本的关系

“工人生产资本，资本生产工人。”“作为资本，工人的价值按照需求和供给而增长，而且，从肉体上说来，他的存在、他的生命，也同其他任何商品一样，过去和现在都被看成是商品的供给。”“因为资本和工人彼此是异己的，从而处于漠不关心的、外部的和偶然的相互关系中，所以这种异己性也必定现实地表现出来。”“工人自己对自己说来便不再存在：他没有工作，因而也没有工资，并且因为他不是作为人，而是作为工人才得以存在，所以他就会被人埋葬，会饿死，等等。”“工人只有当他对自己作为资本存在的时候，才作为工人存在；而只有当某种资本对他存在的时候，他才作为资本存在。资本的存在是他的存在、他的生活，资本的存在以一种对他来说无所谓的方式规定他的生活的内容。”①

可见，在马克思看来，工人之所以存在不是因为他是人，而

①中共中央编译局.马克思恩格斯文集：第1卷［M］.北京：人民出版社，2009：170–171.

是因为他像其他商品一样可以为资本家所用，可以为资本家所用就是工人的资本，一旦工人失去这种资本，就不能继续工作，那么他就将饿死。所以资本作为一种异己力量决定了工人的生存状态。因此，劳动与资本之间既相互依存，又相互对立。

与此同时，马克思还斥责国民经济学的研究从来没有考虑过那些处于劳动关系之外的人，他说："国民经济学不知道有失业的工人，即处于这种劳动关系之外的劳动人。小偷、骗子、乞丐，失业的、快饿死的、贫穷的和犯罪的劳动人，都是些在国民经济学看来并不存在，而只在其他人眼中，在医生、法官、掘墓者、乞丐管理人等等的眼中才存在的人物；他们是一些在国民经济学领域之外的幽灵。"①

马克思还揭示了工资的构成和资本主义的生产目的是获取更多的利润。他指出："李嘉图、穆勒等人比斯密和萨伊进了一大步，他们把人的存在——人这种商品的或高或低的生产率——说成是无关紧要的，……在他们看来，生产的真正目的不是一笔资本养活多少工人，而是它带来多少利息，每年总共积攒多少钱。"②因此，国民经济学家才把工人的工资规定为维持工人的最低的生活费用。在这里，马克思以更具体的形式论述了工人的工资问题，有如下两点：其一，在国民经济学看来，工人的需要

①中共中央编译局.马克思恩格斯文集：第1卷［M］.北京：人民出版社，2009：171.

②中共中央编译局.马克思恩格斯文集：第1卷［M］.北京：人民出版社，2009：171.

不过是维持工人在劳动期间的生活需要，而且只限于维持工人后代不致死绝的程度。这里，他十分清楚地揭示了工资和资本利息的对立，指出资本家通常只有通过降低工资才能增加收益。其二，工资是资本和资本家的必要费用之一，并且不能超出这个必要的界限。

（二）资本同地产的对立运动

马克思在此还叙述了资本同地产的对立运动，揭示了资本主义必然取代封建主义的历史发展规律。他指出，资本和地产的差别是历史的差别，而不是基于事物本质的差别。这种差别是资本和劳动的对立历史的形成和产生的一个固定环节。这说明，资本同地产的对立运动是同资本主义生产方式的形成与发展联系在一起的。

随后，马克思由分析地租进入到论述从地主土地所有制向资本主义土地所有制演变的必然性。马克思指出，随着奴隶转化为自由工人即雇佣工人，地主本身便实际上转化为工厂主、资本家，“而这种转化最初是通过租地农场主这个中间环节实现的”[①]。因此，地主通过租地农场主本质上已经变成普通的资本家。另一方面，经营农业的资本家，即租地农场主也必然会变成地主。马克思认为，这是历史发展的规律，而任何“企图阻止地

①中共中央编译局.马克思恩格斯文集：第1卷［M］.北京：人民出版社，2009：173.

产变成资本”的做法，都是白费力气的。他还指出，地产的特点是具有地方性的，而资本却具有普遍性和世界性。地产与资本的关系是：没有资本，地产就是死的，即没有价值的物质。

（三）劳动同资本敌对性矛盾的运动及其结局

马克思在这里所分析的私有财产关系，实际上就是分析资本主义社会基本的阶级矛盾关系。他认为私有财产的关系是劳动与资本二者的关系，那么这种关系的对立双方所必定经历的运动是它们的对立统一的运动。

首先，二者的统一表现在：起初，资本和劳动是统一的；后来，它们虽然分离和异化，却作为积极的条件而互相促进和互相推动。其次，二者的对立表现在：它们互相排斥，工人把资本家看作自己的非存在，反过来资本家也把工人视为自己的非存在，双方都力图剥夺对方的存在；二者的根本利害冲突的矛盾是对抗性的。最后，二者各自同自身对立：“资本＝积累的劳动＝劳动。作为这样的东西，资本分解为自身和自己的利息，而利息又分解为利息和利润。资本家彻底牺牲。他沦为工人阶级，正像工人——但只是例外地——成为资本家一样。劳动是资本的要素，是资本的费用。因而，工资是资本的牺牲。劳动分解为自身和工资。工人本身是资本、商品。敌对性的相互对立。”①

①中共中央编译局.马克思恩格斯文集：第1卷［M］.北京：人民出版社，2009：177.

五、对异化劳动理论的把握

（一）异化劳动理论的局限性

异化劳动理论是马克思在由费尔巴哈的唯物主义向马克思主义过渡的中间阶段形成的，虽是历史唯物主义的萌芽，但还没有达到辩证唯物主义和历史唯物主义的高度，还不是研究资本主义制度的科学理论，也不是科学社会主义，具有一定的局限性。所以，在我们了解异化劳动理论伟大意义的同时，也应清楚异化劳动理论的局限性，它的局限性主要表现在：

（1）对人的本质的界定是抽象的、非历史的。首先，马克思认为“人的本质”是“自由自觉的活动”，人通过自由自觉的劳动而得到快乐，这是一种理想化的劳动。这种劳动至多存在于共产主义的高级阶段，属于未来社会。而现实中真正的劳动存在于每个历史阶段。异化之前的“未异化”时的劳动，并非此理想化的劳动。因此，将这种理想化的劳动作为异化的起点是欠妥当的。其次，马克思关于异化劳动的阐述都是以工人阶级的立场出发，侧重于用体力劳动来论述异化劳动，这样就忽视了脑力劳动的积极作用，更忽视现实中资本家为了组织生产、分配和交换付出的脑力劳动，这样得出的异化劳动理论也是不客观、不完整的。

（2）马克思对资本主义的批判不够充分，还是停留在道德层面的批判。马克思批判资本主义主要从人道主义的立场出发，认为资本主义将“人”变成了“非人”，是对人的本质的异化，是不人道的，应该推翻；还没有从历史层面、经济层面对资本主义加以批判，显得不够充分。归根结底，主要也是因为马克思当时还没有形成历史唯物主义。

（二）正确认识和把握异化劳动理论

尽管马克思《手稿》里的异化劳动理论有如上一些局限性，但这毕竟是马克思从青年走向成熟的里程碑之一，我们应该客观认识和把握。

异化劳动理论蕴含着许多值得我们今天认真汲取的宝贵思想。它看到了劳动是人类社会赖以生存和发展的深刻基础，这实质上是对经济学领域的“劳动价值论”在哲学方面的发展，揭示了劳动对社会发展的价值。它既包括“异化了的劳动”的丰富内涵，也包括扬弃“劳动的异化”的理论。它以复归人性、全面占有人的本质为尺度，开启了对人的哲学层面的思考，揭示了扬弃异化的目标和途径，不仅具有政治经济学方面的意义，而且具有哲学方面的意义，有利于我们理解和把握人与劳动的关系、人与自然的关系、人与社会的关系、人与自身的关系。

第三节 解决问题——真正的共产主义来了

一、马克思对“共产主义内涵”的揭示

马克思说：“共产主义是私有财产即人的自我异化的积极的扬弃，因而是通过人并且为了人而对人的本质的真正占有；因此，它是人向自身、也就是向社会的即合乎人性的人的复归，这种复归是完全的复归，是自觉实现并在以往发展的全部财富的范围内实现的复归。这种共产主义，作为完成了的自然主义，等于人道主义，而作为完成了的人道主义，等于自然主义，它是人和自然界之间、人和人之间的矛盾的真正解决，是存在和本质、对象化和自我确证、自由和必然、个体和类之间的斗争的真正解决。它是历史之谜的解答，而且知道自己就是这种解答。”[①]这是当时的马克思关于共产主义形成的一个总概念，也是他的共产主义思想的基本内容。

（一）共产主义是人本身的解放

在马克思看来，共产主义是对私有财产的积极扬弃，而所谓“对私有财产的积极的扬弃，就是说，为了人并且通过人对人的

①中共中央编译局.马克思恩格斯文集：第1卷［M］.北京：人民出版社，2009：185-186.

本质和人的生命、对象性的人和人的产品的感性的占有"[①]。而这里的私有财产实际上就是人的自我异化的一种物质的、感性的表现而已，所以，马克思认为，对私有财产的积极扬弃的共产主义，也就是意味着"人的一切感觉和特性的彻底解放"。所谓"人的一切感觉和特性的彻底解放"，指的是人的一切感受，包括人的触觉、视觉、听觉、味觉、嗅觉，人的感觉、愿望、直观、思维，人的活动、爱，等等，都将不再受到异化劳动的奴役和约束，也不再受到私有财产的束缚和限制，是人本身的解放。人的规定性，人同对象的关系，不再使人自身失去现实性，不再使人自身的劳动及其成果变成反对他自己的异己的力量，而是人的现实性的实现。

（二）共产主义对人本质的真正占有

在马克思看来，共产主义是通过人并且为了人而对人的本质的真正占有。所谓"通过人"，就是说，共产主义的实现并不是单纯通过对"物"特别是对私有财产这种"物"的异化的扬弃就可以获得的，而是要通过对人的异化或者说对异化了的人的异化性质的真正扬弃才能得到，因为异化了的"物"只是外观，是表现而已，被这种外观所掩盖着的真正的异化是"人"的异化。所谓"为了人"，就是说，共产主义的实现不只是为了让人们占

①中共中央编译局.马克思恩格斯文集：第1卷［M］.北京：人民出版社，2009：189.

有财富，而是为了人自身的解放，让人有获得感、安全感、幸福感的提升和增强。而所谓的“对人的本质的真正占有”，即“不应当仅仅被理解为直接的、片面的享受，不应当仅仅被理解为占有、拥有”。而是“人以一种全面的方式，就是说，作为一个完整的人，占有自己的全面的本质”①。也就是说，马克思认为是私有财产的存在使人变成了异己的存在，私有财产的积极的扬弃就是使人真正成为一个全面占有自己丰富的本质规定的完整的人、全面发展的人。

（三）共产主义的目标就是向社会、向现实的人的一种复归

马克思说：“共产主义是私有财产即人的自我异化的积极的扬弃，因而是通过人并且为了人而对人的本质的真正占有；因此，它是人向自身、也就是向社会的即合乎人性的人的复归。”②

在共产主义条件下，人为了自己和他人而进行生产，通过互相为了对方的生产而证明自身存在的意义。任何个人的产品作为这个人个性的对象化，既体现了他自己的存在，又体现了别人的存在。在扬弃了私有财产的共产主义生活中，人的本质就是在他们的这种相互生产中形成的，即在社会中形成的。“因此，社会

①中共中央编译局.马克思恩格斯文集：第1卷［M］.北京：人民出版社，2009：189.

②中共中央编译局.马克思恩格斯文集：第1卷［M］.北京：人民出版社，2009：185.

性质是整个运动的普遍性质；正像社会本身生产作为人的人一样，社会也是由人生产的。”[①]这是马克思的重要结论，即人们通过生产劳动，不仅生产劳动产品，而且生产着人本身和社会，人就是社会。所以，社会性才是人的本质。扬弃私有财产就是恢复人的社会本质。在这里，“活动和享受，无论就其内容或就其存在方式来说，都是社会的活动和社会的享受”[②]。这就是说，不仅活动和享受的内容实际上都是社会创造的，是社会中的人们共同创造的，而且，由于消除了劳动和产品的异化性质，消除了私有制条件下彼此孤立的、隔绝的、敌对的个人行为后，使活动和享受的存在方式也成为社会性的了。要实现向社会的人的复归，就必须使个人的生存活动与共同的社会活动统一起来，建立一种同劳动的社会本质相适应的生产方式，这就是共产主义的公有制。

因此，只有扬弃了资本主义私有财产的共产主义，才能实现这种向社会的人的复归。而且这种复归是完全的、自觉的、有继承性和扬弃性的，不是人们原来属性的绝对重复，而是发展、前进的；不是个别的采纳，而是对整个人类历史发展的全部物质和精神财富的继承。

①中共中央编译局.马克思恩格斯文集：第1卷［M］.北京：人民出版社，2009：187.

②中共中央编译局.马克思恩格斯文集：第1卷［M］.北京：人民出版社，2009：187.

（四）共产主义的物质基础

马克思指出，共产主义“是人向自身、也就是向社会的即合乎人性的人的复归，这种复归是完全的复归，是自觉实现并在以往发展的全部财富的范围内实现的复归”[①]。也就是说，马克思认为，共产主义的实现本身是有其经济基础的，是要以人类“以往发展的全部财富”做支撑的。所谓“以往发展的全部财富”当然包括资本主义社会所创造的财富，可见，马克思认为资本主义和共产主义不是一种对立的关系，而是递进关系，共产主义是在对资本主义积极扬弃的基础上而实现的。共产主义不是取消而是保存、不是抛弃而是继承以往人类社会发展所取得的一切积极成果，包括在私有制条件下创造的文明成果。

（五）共产主义是历史之谜的解答

马克思指出，共产主义“是人和自然界之间、人和人之间的矛盾的真正解决，是存在和本质、对象化和自我确证、自由和必然、个体和类之间的斗争的真正解决。它是历史之谜的解答，而且知道自己就是这种解答”[②]。

马克思在这里说的“历史之谜”是指上述种种的矛盾关系，即人和自然之间、人和人之间的矛盾的真正解决，是存在和本

①中共中央编译局.马克思恩格斯文集：第1卷［M］.北京：人民出版社，2009：185.

②中共中央编译局.马克思恩格斯文集：第1卷［M］.北京：人民出版社，2009：185-186.

质、对象化和自我确证、自由和必然、个体和类之间的斗争。按其本性说，是它们之间本该是和谐统一的，但是由于异化劳动的出现，人类社会随之产生了私有财产，在异化劳动和私有财产的条件下，产生了一系列的带有异化性质的、特殊的矛盾。例如：人与自然之间、人与人之间、存在与本质之间、对象化与自我确证之间、自由与必然之间、个体与类之间都被打上了异化的烙印。所以，马克思当时是把上述种种矛盾看作是私有制社会长期得不到解决的“历史之谜”。那么，只有在共产主义条件下，由于资本主义私有制的彻底扬弃，异化劳动和私有财产所造成的一系列矛盾才能真正得以解决。也只有在共产主义条件下，人们才能正确地把握历史规律，自觉地创造历史，人类历史才真正从必然王国进入自由王国。因而是“历史之谜的解答”。

需要说明的是，在《手稿》中，马克思并不认为共产主义是一种目标社会形式。他说：“共产主义并不是人类发展的目标，并不是人类社会的形态。”[①]那么，共产主义是什么呢？“共产主义是作为否定的否定的肯定，因此，它是人的解放和复原的一个现实的、对下一段历史发展说来是必然的环节。共产主义是最近将来的必然的形态和有效的原则。”可见，马克思当时的共产主义思想并不是我们所认为的是关于社会主义和共产主义的论证和结论，因此，马克思这里所指的共产主义并不是一种制度，甚

①中共中央编译局.马克思恩格斯文集：第1卷［M］.北京：人民出版社，2009：197.

至也不是一个具体的形态，它实际上是一种运动，一种过程，一种境界。

二、马克思对空想社会主义学说的批判

马克思认为，共产主义起源的社会背景是社会的不平等和阶级压迫以及群众的苦难。而这些状况的出现，是由于异化劳动的存在，使得私有财产得以产生，私有财产的产生又导致了劳动和资本的对立。所以马克思认为，要解放全人类就必须消灭私有财产、消灭异化劳动。因此马克思认为，共产主义是对私有财产的积极扬弃。共产主义是对私有制的否定，是私有制发展的必然结果，同时又包含了以往私有制社会创造的全部物质和精神财富，因而是积极的扬弃。马克思的“共产主义”与当时流行的社会主义、共产主义学说是不同的。马克思对当时流行的社会主义和共产主义进行了批判，认为它们没有彻底摆脱私有财产和异化劳动的影响，因而无法对私有财产及其本质形成正确的认识，自然无法寻求解决现实之路，所以都是空想。

（一）对共产主义各种流派的批判

1. 对蒲鲁东改良主义的批判

蒲鲁东为了克服资本主义的不平等，提出“财产就是盗窃”，主张“工资平等”，企图用“提高工资”来消灭工资的不平等，马克思指出这种改良主义完全是空想。因为在异化劳动条件下，“工资和私有财产是同一的，因为用劳动产品、劳动对象

来偿付劳动本身的工资，不过是劳动异化的必然后果，因为在工资中，劳动并不表现为目的本身，而表现为工资的奴仆”[①]。所以，“强制提高工资……无非是给奴隶以较多工资，而且既不会使工人也不会使劳动获得人的身份和尊严”[②]。即在异化劳动的条件下，在资本主义社会里，工人的工资是异化劳动的直接结果，是维持工人奴隶般的生活的最低费用。而要改变工人的生活状态，只依靠工资的提高和平等，是不可能达到目的的，因为这不是一个技巧问题，而是制度问题，如果不改变现行制度，像蒲鲁东那样，只是用口号、用呼吁来改变工人的生存状态——获得人的身份和尊严，得到真正的解放，只能是无法实现的空想。

2. 对傅立叶和圣西门空想社会主义的批判

傅立叶和重农学派一样，把农业劳动看成唯一的有生产性的劳动，认为农业劳动是最好的劳动，认为回到农业劳动就可以扬弃异化。圣西门则相反，他认识到工业劳动对扬弃异化的作用，把工业劳动看成劳动的本质，但他不彻底否定资本家的统治，幻想在保留资本家统治的条件下扬弃异化。虽然二人存在着一定的差别，但他们都对同一个问题——劳动进行了批判。“劳动的特殊方式，即划一的、分散的因而是不自由的劳动”[③]，认为不自

①中共中央编译局.马克思恩格斯文集：第1卷［M］.北京：人民出版社，2009：167.

②中共中央编译局.马克思恩格斯文集：第1卷［M］.北京：人民出版社，2009：167.

③中共中央编译局.马克思恩格斯文集：第1卷［M］.北京：人民出版社，2009：183.

由的劳动是私有财产的弊病和它同人相对立的根源。但是，他们把不自由的劳动视为劳动的一种特殊方式，而没有看到它实质就是异化劳动。傅立叶和圣西门没有认识到这一点，所以，他们只是批判私有制，但并不主张完全消灭私有制，认为只要改变了劳动的组织方式，就可以去掉私有财产的有害性，就可以在保存私有财产的条件下，解决平等和社会幸福的问题。

（二）对粗陋的共产主义（平均主义）的批判

所谓粗陋的共产主义，是19世纪共产主义思想的一个派别，出现在封建社会晚期和资本主义社会早期，主要宣扬平均主义的社会平等思想。马克思在《手稿》中对这种粗陋的共产主义给予批判，认为这种共产主义不顾历史发展的实际和人类文明成果，一味强调平等的平均主义思想，是一种反动的共产主义，是逆社会生产力发展、逆历史潮流而动的反动思潮。这种粗陋共产主义有两种表现形式：一种是平均主义；一种是提倡公妻制的人道派。

马克思首先分析并批判了平均主义的共产主义。马克思说道："实物财产的统治在这种共产主义面前显得如此强大，以致它想把不能被所有的人作为私有财产占有的一切都消灭；它想用强制的方法把才能等等抛弃。"[①]可见，这种共产主义的本质就是追求财产的平均化，接着马克思又尖锐地指出："粗陋的共产

① 中共中央编译局.马克思恩格斯文集：第1卷［M］.北京：人民出版社，2009：183.

主义者不过是充分体现了这种忌妒和这种从想象的最低限度出发的平均主义。他具有一个特定的、有限的尺度。对整个文化和文明的世界的抽象否定，向贫穷的、需求不高的人——他不仅没有超越私有财产的水平，甚至从来没有达到私有财产的水平——的非自然的简单状态的倒退，恰恰证明对私有财产的这种扬弃决不是真正的占有。”[①]粗陋共产主义的这种抹杀才能、否定个性、否定文明的主张，使它的空想性与反动性展现得一览无余。这种平均主义的共产主义不仅不能反映社会历史发展的客观规律，更不是历史的进步，反而是一种不可能实现的倒退。

其次，马克思批判了粗陋共产主义的另一种表现形式“公妻制”。马克思对这种荒诞无稽的主张进行了严厉的批判：“把妇女当做共同淫欲的虏获物和婢女来对待，这表现了人在对待自身方面的无限的退化。”[②]马克思在这里批判了把妇女作为私有财产进行分配，指出这是人类的一种退化。并进一步指出，男女之间的关系是人与人之间直接的、自然的、必然的关系，而这种人和人的社会关系正是人区别于动物的本质，同时，可以从这种关系中判断人的整个教养程度。人是一种社会存在物，人区别于动物的本质就是这种人和人所具有的社会关系。而马克思所强调的共产主义，是积极扬弃私有财产的共产主义，只有在这种制度下

①中共中央编译局.马克思恩格斯文集：第1卷［M］.北京：人民出版社，2009：184.

②中共中央编译局.马克思恩格斯文集：第1卷［M］.北京：人民出版社，2009：184.

人才能获得全面发展。

最后，马克思指出“对私有财产的最初的积极的扬弃，即粗陋的共产主义，不过是想把自己设定为积极的共同体的私有财产的卑鄙性的一种表现形式”，即科学共产主义是空想共产主义的扬弃和发展；对私有财产的态度，保留还是彻底消灭，是辨别是否是科学共产主义的关键。马克思通过对粗陋共产主义的批判分析，为科学共产主义的论证奠定基础。

（三）对政治性质上共产主义的评述

共产主义按政治性质划分有两种：一种是民主的或专制的；另外一种是废除国家的。这两种形式的共产主义都已经把自己理解为人向自身的还原或复归，理解为人的自我异化的扬弃。但是，它还没有弄清楚私有财产的积极的本质，也还不理解需要的人的本性，所以它还受私有财产的束缚和感染。

第三章　在批判中成长，在成长中超越

第一节　对亚当·斯密经济理论的评论

亚当·斯密是英国古典经济学的创立者之一，他的《国富论》在经济学领域的影响极为深远。对于渴望探寻经济学奥秘的马克思，学习斯密的经济思想是不可跨越的。可以说，马克思能够建立自己的经济学说，离不开斯密、李嘉图等古典政治经济学家思想上的支持。

在《手稿》中，马克思肯定了斯密把劳动看作财富的来源这一思想。马克思在《手稿》里虽然没有对斯密的经济理论作全面系统的批判分析，但肯定了斯密理论的功绩，即斯密反对重商主义的拜物教，把劳动看作财富的唯一的本质因素，扬弃了“财富的这种外在的、无思想的对象性”①，把人本身看作私有财产的规定。斯密把“私有财产的主体本质，作为自为的活动，作为主

①中共中央编译局.马克思恩格斯文集：第1卷［M］.北京：人民出版社，2009：179.

体、作为个人的私有财产，就是劳动”[①]。这是斯密最积极的理论成果。

马克思在肯定斯密理论积极贡献的同时，也剖析了其理论的资产阶级性质。马克思指出，从表面现象来看，国民经济学是以劳动为原则，提高了人的地位，并宣布人是财富的创造者。但是，从实质上看，“其实是彻底实现对人的否定”[②]。因为它所讲的劳动是资本主义条件下的雇佣劳动，是异化劳动。马克思说：“以劳动为原则的国民经济学表面上承认人，其实是彻底实现对人的否定，因为人本身已不再同私有财产的外在本质处于外部的紧张关系中，而是人本身成了私有财产的这种紧张的本质。以前是自身之外的存在——人的真正外化——的东西，现在仅仅变成了外化的行为，变成了外在化。”[③]就是说，按照斯密的说法，资本是积累的劳动，劳动是资本的本质，这实际上是赋予资本主义私有财产一种活的、能够自行保存和自行增值的能力和意志。对工人来说不过是人的本质的异化，对人的本质的彻底否定。不仅如此，斯密还把这种异化劳动说成是普遍的、永恒的存在，是唯一的政策。因此，马克思评论说，斯密的理论必然是从承认人、承认人的独立性和自我活动等表象下开始的。

①中共中央编译局.马克思恩格斯文集：第1卷［M］.北京：人民出版社，2009：178.

②中共中央编译局.马克思恩格斯文集：第1卷［M］.北京：人民出版社，2009：179.

③中共中央编译局.马克思恩格斯文集：第1卷［M］.北京：人民出版社，2009：179.

第二节　对大卫·李嘉图经济理论的评论

大卫·李嘉图是英国古典政治经济学的完成者，英国古典政治经济学在李嘉图这里达到顶峰。他集英国古典经济学之大成，创立了劳动价值论，建立起资产阶级经济学的科学理论体系。从亚当·斯密到大卫·李嘉图，中间相隔不到半个世纪，但是这个时期英国社会经济发生了极为巨大的变化，英国产业革命蓬勃发展，产业资本同封建残余势力进行斗争，为自己的发展奠定了物质基础。李嘉图继承和发展了斯密经济理论中的精华，进行了深刻研究，并于1817年出版了《政治经济学及赋税原理》，把古典政治经济学推向了最高峰。

斯密生活的年代是英国产业革命的前夜，正处于手工工场时期。那时的英国工业资产阶级还没有和土地占有者发生冲突，对土地所有者的利益未加触犯。而李嘉图所处的时期则不同，他生活的年代正是英国产业革命蓬勃发展的时期。由于工业革命的发生，全国的资本主义工业获得突飞猛进的发展，这种生产力的发展要求彻底消灭封建的土地所有制。李嘉图在他的《政治经济学及赋税原理》中鲜明地反映了资本主义经济发展的这种要求，反对封建土地所有制。因此，李嘉图的理论遭到了封建土地所有制的拥护者的攻击。所以马克思在谈到李嘉图的学说时说："它还致命地打击了私有财产和财富泉源的最后的个别的、自然的、不依赖于劳动运动的存在形式，即地租。”①

根据资本主义经济发展的要求，李嘉图的学说比斯密的学说发展得更加彻底、更加真实。马克思在评论李嘉图学派时说：“不在乎这种学说使它陷入的那一切表面的矛盾——，十分片面地，因而也更加明确和彻底地发挥了关于劳动是财富的唯一本质的论点。”②马克思在肯定李嘉图的经济学说的历史作用的同时，又指出李嘉图理论的局限性，首先，他把资本主义生产方式及发展规律，看作是一切社会的生产方式和发展规律。他虽然分析了价值、工资、利润和地租等范畴，但是却从不注重这些范畴的历史起源。他虽然指出了工资和利润、利润与地租之间的对立，但却把这些只看作是社会所固有的、自然存在的东西。其次，他把资本主义生产关系看作是固定不变的，这样就看不到反映资本主义生产关系的经济范畴在资本主义条件以内，由于生产关系变化而引起的变形和复杂化。所以，李嘉图的理论把资本与劳动、资产阶级对无产阶级的这种对抗性的剥削关系，毫不掩饰地、赤裸裸地暴露出来了。马克思说：“从斯密经过萨伊到李嘉图、穆勒等等，国民经济学的昔尼克主义不仅相对地增长了——因为工业所造成的后果在后面这些人面前以更发达和更充满矛盾的形式表现出来——，而且肯定地说，他们总是自觉地在排斥人

①中共中央编译局.马克思恩格斯文集：第1卷［M］.北京：人民出版社，2009：179-180.

②中共中央编译局.马克思恩格斯文集：第1卷［M］.北京：人民出版社，2009：179.

这方面比他们的先驱者走得更远，但是，这只是因为他们的科学发展得更加彻底、更加真实罢了。”①

马克思同时指出资产阶级经济学带有它不可能克服的局限性，即资产阶级经济学理论包含着矛盾。资产阶级经济学家一方面把劳动看作是财富的唯一本质，认为一切财富都是劳动创造的，另一方面他们又认为劳动者的非人化的状况、异化的状况是理所当然的。这显然是一种自我矛盾，马克思认为，这种理论上的矛盾正是对客观的资本主义经济自身矛盾的反映。所以马克思说，国民经济学本身的支离破碎的原则，不过是支离破碎的工业现实的反映。

第三节　对魁奈的重农主义学说的评论

弗朗斯瓦·魁奈是资产阶级古典政治经济学奠基人之一，法国重农学派的创始人和重要代表。魁奈所处的时代是法国资本主义制度处于萌芽阶段的时代，在封建制度下，农业是整个经济的基础，加工工业不过是农业的附属物，商业和货币资本都遭到鄙视，所以重农学派一开始就鲜明地、尖锐地和重商主义相对立。魁奈把从事农业活动的阶级叫作生产者阶级，把其他阶级叫作非生产者阶级。魁奈的重农理论将经济行动者分为三个阶级：资产

①中共中央编译局.马克思恩格斯文集：第1卷［M］.北京：人民出版社，2009：180.

阶级的地主、有生产力的农业劳动者、无生产力的工匠及商人。魁奈认为物质才是财富，只有农业才能使财富增加，工业只能改变财富的形态，不能增加财富的数量，服务业更不能增加财富的数量。

马克思在《手稿》中重点考察了重农学派和魁奈对生产劳动的看法。马克思指出重商主义者只承认贵金属是财富的存在，而重农主义则前进了一步，认为全部财富被归结为土地和耕作（农业）。马克思肯定了这种说法比之于重商主义是一种进步。重农学派认为，土地只有通过劳动、耕种才对人存在。因此，财富的主体本质已经移入到劳动中，这一点具有重要的历史进步意义。但是魁奈同时又认为，农业是唯一的生产的劳动。他认为农业的“纯产品”应该全部交给封建地主，否则生产就不能发展。这表明，魁奈的经济思想不可避免地就带有封建主义的外观。最后，马克思对魁奈的重农主义作了一个总的概括，指出：“他们既然把生产（农业）宣布为地产的本质，也就消除了地产的封建性质，但是，由于他们宣布农业是唯一的生产，他们就对工业世界持否定态度，并且承认封建制度。”①这就是说，魁奈的重农主义虽然实质上反映了法国资本主义经济的特点，但是又给人以维护封建制度的外观这样一种矛盾状况。

通过马克思对斯密、李嘉图和以魁奈为代表的重农学派的理

①中共中央编译局.马克思恩格斯文集：第1卷［M］.北京：人民出版社，2009：181.

论研究可以看出，马克思从生产劳动、一般劳动（抽象劳动）和特殊劳动方面，基本上总结了古典经济学对此问题的认识上的统一性、差别及其演变。在这里，马克思提示了他之前的经济思想史中发展的四个阶段：重商主义、重农主义、斯密和李嘉图。而且指出，他们的学说分别以商业资本、农业资本和工业资本为基础。马克思认为私有财产有一个发展过程，而其最高和普遍的形式是工业资本。

第四节　对以布鲁诺·鲍威尔为首的青年黑格尔派的批判

布鲁诺·鲍威尔是青年黑格尔运动著名的代表人物，是马克思大学时代的博士俱乐部的故友。鲍威尔从 1834 年起在柏林大学担任神学讲师，马克思曾听过他的讲课。1837 年，马克思参加了以鲍威尔为首的博士俱乐部的活动，自此以后他们之间的联系比较密切。鲍威尔由保守黑格尔主义者转变过来，对神学和宗教进行了抨击。他认为，基督教用教义来束缚人们，他要通过对基督教教义进行彻底的批判来摆脱基督教的压迫，并把这种批判看作是历史发展的动力。他的批判哲学对当时青年黑格尔派反对专制王权与宗教的反动统治，提供了强有力的精神武器，因而对当时的宗教批判运动产生过良好影响。但在《莱茵报》时期，二人就分道扬镳了。马克思早在《德法年鉴》上写的文章中就已对青年黑格尔派的观点作了批判。后来，由于他们向普鲁士政府反动镇压做了屈服，以鲍威尔为首的青年黑格尔分子日益脱离实际、脱离群众，成了一个纸上空谈的反动小团体。而此时的马克思，早已经表明要投身于反对专制的现实斗争中，并把理论批判与政治斗争结合起来。随着鲍威尔与马克思政治思想与阶级立场的不同，他们之间的友谊也结束了。之后，马克思转向了唯物主义和共产主义，而鲍威尔则选择了相反的方向，走向了个人主义与无政府主义。

在《手稿》中，马克思主要是批判他们用表面的、形式主义和主观唯心主义的方法对待黑格尔的辩证法。青年黑格尔分子自认为，他们已经克服了黑格尔哲学，超越了黑格尔。实质上，他们只是抓住了黑格尔哲学中保守、薄弱的方面和黑格尔哲学的某一范畴，加以片面的发展和夸大来建立自己的哲学体系。在批判鲍威尔的《基督教真相》一书时，马克思引用了他的一句话，即“他们（法国唯物主义）还未能看到，宇宙的运动只有作为自我意识的运动，才能实际上成为自为的运动，从而达到同自身的统一”[①]。马克思认为，他们只注意了黑格尔的《逻辑学》，而没有注意到《精神现象学》，他们毫不批判地接受了黑格尔唯心主义的发展观，把绝对理论变成自我意识，把对意识的批判宣布成自己的任务，名曰“批判的批判”，而实际上，自我意识成为鲍威尔哲学的出

①中共中央编译局.马克思恩格斯文集：第1卷［M］.北京：人民出版社，2009：198.

发点与批判原则，鲍威尔的哲学成了自我意识的哲学，并把黑格尔的客观唯心主义哲学，发展为主观唯心主义哲学。

在《手稿》的序言中，马克思揭露了青年黑格尔派哲学的本质，指出："我认为，本著作的最后一章，即对黑格尔的辩证法和整个哲学的剖析，是完全必要的。"因为"仔细考察起来，神学的批判——尽管在运动之初曾是一个真正的进步因素——归根到底不外是旧哲学、特别是黑格尔的超验性被歪曲为神学漫画的顶点和结果。……关于这个饶有兴味的历史的判决，……我将在另一个场合加以详细的介绍"①。这也就是后来马克思、恩格斯在《神圣家族》一书中所作出的批判。

第五节 对费尔巴哈哲学的评价

在《手稿》中，马克思对费尔巴哈的人本主义哲学给予很高的评价。马克思指出："从费尔巴哈起才开始了实证的人道主义和自然主义的批判。……费尔巴哈著作是继黑格尔的《现象学》和《逻辑学》以后包含着真正理论革命的唯一著作。"②

费尔巴哈是黑格尔的学生，是黑格尔哲学的信奉者。但他在走上社会不久就对黑格尔哲学产生了动摇，并力图超越这种哲

①中共中央编译局.马克思恩格斯文集：第1卷［M］.北京：人民出版社，2009：113-114.

②中共中央编译局.马克思恩格斯文集：第1卷［M］.北京：人民出版社，2009：112.

学。费尔巴哈指出，黑格尔的思辨哲学主张的从抽象到具体、从理想到实在的进程，是一种颠倒的进程。只要将思辨哲学颠倒过来，就能得到毫无掩饰的、纯粹的、明显的真理，即事物与其观念的真实关系。费尔巴哈不仅批判思辨哲学，而且批判了宗教，正是在这些批判中确立了他的人本主义。他提出哲学是为人的哲学，人的最高本质就是人自身。他认为对人来说人就是上帝，在实践上，最高的和最根本的规律，也就应当是人对人的爱。马克思深受费尔巴哈的影响，在马克思成为辩证唯物主义者和历史唯物主义者之前，费尔巴哈的唯物主义和人本主义是他批判黑格尔哲学的主要武器。可以说，马克思真正走向共产主义是通过费尔巴哈对黑格尔哲学的克服而实现的。

所以马克思在《手稿》中，对费尔巴哈批判唯心主义、恢复唯物主义的权威的伟大功绩，作了充分的肯定。他认为在德国批判黑格尔的哲学革命是从费尔巴哈开始的。马克思说："费尔巴哈是唯一对黑格尔辩证法采取严肃的、批判的态度的人；只有他在这个领域内作出了真正的发现，总之，他真正克服了旧哲学。费尔巴哈成就的伟大，以及他把这种成就贡献给世界时所表现的那种谦虚淳朴，同批判所持的相反的态度形成惊人的对照。"[①] 马克思在《手稿》的序言中还说："对国民经济学的批判，以及

①中共中央编译局.马克思恩格斯文集：第1卷［M］.北京：人民出版社，2009：199-200.

整个实证的批判，全靠费尔巴哈的发现给它打下真正的基础。”[①]

在《手稿》中，马克思在肯定了费尔巴哈的功绩的同时也发现了费尔巴哈哲学的不足，比如费尔巴哈对于否定之否定的理解，他指出费尔巴哈并没有理解黑格尔的否定之否定的全部含义，“由此可见，费尔巴哈把否定的否定仅仅看作哲学同自身的矛盾，看作在否定神学（超验性等）之后又肯定神学的哲学，即同自身相对立而肯定神学的哲学”[②]。这表明马克思认为费尔巴哈并不懂得黑格尔的辩证法，只看到了黑格尔以否定之否定为框架的唯心主义哲学的消极面，只是从唯物主义和唯心主义对立的基础上来批判黑格尔哲学，没有把黑格尔的唯心主义体系和他的辩证法思想加以区别。这为马克思辩证唯物主义和历史唯物主义奠定了基础。

第六节　对黑格尔哲学的剖析

在《手稿》中，马克思已从黑格尔哲学的崇拜者转变成了黑格尔哲学的批判者。马克思对黑格尔哲学的剖析是从他的《精神现象学》开始的。

①中共中央编译局.马克思恩格斯文集：第1卷［M］.北京：人民出版社，2009：112.

②中共中央编译局.马克思恩格斯文集：第1卷［M］.北京：人民出版社，2009：200.

一、黑格尔哲学体系的双重错误

第一个错误在于，黑格尔所讲的异化是抽象的哲学思维的异化。

异化在黑格尔哲学体系中，或者说在他的绝对观念的发展过程中，成为一个极其重要的环节。这种异化的主体是绝对精神，即自我意识，而且它只是在思想本身范围内表现出自在与自为之间、意识与自我意识之间、客体与主体之间的对立。在黑格尔看来，这种对立及其运动就形成其他一切对立及其运动的基础。其他一切对立及其运动不过是这种唯一有意义的对立的外观、外壳、公开形式，因此，人对异化对象的本质力量的占有，不过是在意识中、在纯思维中的占有。马克思的论述说明了在黑格尔那里一切都颠倒了。马克思特别列举了财富、国家权力等概念，都只是纯粹的、抽象的哲学思维的异化，这些都是从抽象思维中异化出来的。在黑格尔那里，“全部外化历史和外化的全部消除，不过是抽象的、绝对的思维的生产史，即逻辑的思辨的思维的生产史”[①]。这样，黑格尔就把人类社会的历史歪曲为精神发展的过程。人类社会中的人的本质的异化及其扬弃，统统变成了精神领域之内的演变过程，并不能给现实批判带来多少实质性的益处。因此，黑格尔哲学只是具有一个批判和扬弃的外表，而实际上这种批判和扬弃丝毫不会触动现实社会中私有制的一根毫毛。

①中共中央编译局.马克思恩格斯文集：第1卷［M］.北京：人民出版社，2009：199-203.

第二个错误在于，对人的本质力量的占有或对这一过程的理解是唯心主义的。

黑格尔唯心主义认为，意识对象就是自我意识，而自我意识又与人（主体）等同。因此，人本质的一切异化都不过是自我意识的异化。他不了解自我意识的异化就是人的本质的现实异化的表现。所以，在黑格尔看来，掌握了自己本质的人，仅仅是掌握了对象性本质的自我意识。从而，对象返回到自我就是对象的重新占有。他把自然界的人性和历史创造的自然界的人性，统统看作精神的产物。因为在他看来，只有精神才是人的真正本质，而精神的形式是能思维的精神，逻辑的、思辨的精神，因而人类的历史是抽象精神的产物，所以，在这个限度内，它们是精神的环节，即思想本质。

二、黑格尔哲学中的合理因素

首先，马克思肯定了黑格尔的辩证法。黑格尔在《精神现象学》中表达了这样的辩证法思想：他把人类社会看作是一个发展过程，这个发展过程不需要上帝和神来推动，而是人类社会自我发展的过程；他把这个人的自我产生的过程，看作是一个对象化过程，即人们改造自然界的劳动活动过程。黑格尔还把人类自我发展过程看作是一个人通过自己的劳动而不断外化和外化扬弃的辩证发展过程。马克思从总体上肯定了黑格尔的辩证法，肯定了他把人的本质看作是异化和扬弃的发展过程。

其次，马克思肯定了黑格尔抓住了劳动的本质。马克思在评述黑格尔的贡献时说，“黑格尔的《现象学》及其最后成果——辩证法，作为推动原则和创造原则的否定性——的伟大之处首先在于，黑格尔把人的自我产生看作一个过程，把对象化看作非对象化，看作外化和这种外化的扬弃；可见，他抓住了劳动的本质，把对象性的人、现实的因而是真正的人理解为人自己的劳动的结果”[①]。因此，马克思肯定了黑格尔抓住了劳动的本质，把对象性的人、现实的人理解为他自己的劳动的结果。但是马克思也认为，黑格尔只看到劳动积极的方面，而没有看到它的消极的方面。黑格尔所承认的劳动是抽象的精神的劳动。与黑格尔相反，马克思辩证唯物地看待劳动，把劳动看作是客观的物质活动，是改造自然同时又改变人自身的实践活动。因此，马克思不仅看到了劳动创造价值、肯定自身的积极方面，而且看到了在现实社会中劳动给劳动者带来屈辱和痛苦的异化的现实。

综上所述，黑格尔的客观唯心主义体系尽管是保守的、有缺陷的，但它却具有积极的合理因素。黑格尔的发展观、历史观、辩证法和异化论，对马克思主义哲学和经济学的形成提供了宝贵的材料和重要的思想来源。

---

①中共中央编译局.马克思恩格斯文集：第1卷［M］.北京：人民出版社，2009：205.

第四章 《1844 年经济学哲学手稿》向历史交出的“成绩单”

第一节 虽不成熟，却一样伟大

《手稿》在马克思主义理论中占有极为重要的地位，它被认为是“马克思主义形成的真正诞生地和秘密”。学界普遍承认《手稿》是马克思主义科学理论体系的起点，是人类思想史上伟大革命的开端。正是由于《手稿》作为马克思主义形成的决定性时期的作品，具有继往开来的意义，所以它引起马克思主义理论研究者们的强烈关注。

尽管《手稿》不是一部完全成熟的著作，但是把《手稿》放在整个历史过程中来考察，无论它的成熟和不成熟之处，对于说明马克思的思想发展都是重要的。因此，不能因为它是一部不成熟的、未完成的著作就贬低它。正是《手稿》的存在，才使得人们更加清楚地了解马克思思想的发展过程，以及马克思主义的形成过程。

所以，《手稿》是马克思主义理论形成过程中的一部关键性的文献，它是马克思思想发生重大转变的标志性著作之一。尤其是其中的异化劳动理论，在马克思以后的研究中以各种形式融入马克思主义经济学、政治学、哲学等不同学科之中，从而成为马克思自己对哲学、政治经济学以及共产主义等进行考察的基本理论依据。因此，有学者还把异化劳动理论看成是一把解开历史之谜的钥匙，因为离开了《手稿》和异化劳动理论，人们就无法理解马克思是如何创立唯物史观的。

第二节　新时代依然闪闪发光

随着时代和社会的发展，人类对于自然、对于社会历史、对于人的思维本身的认识都在日益深化，并且在新的探索中提出了种种新的学说、新的思想和新的观念。作为与时俱进的马克思主义理论体系，应该把新情况、新问题纳入我们的视野，研究和吸收一切有价值的东西，以完善自己的理论，这对于发展马克思主义无疑是十分必要的。这就要求我们能全面准确地把握马克思主义的基本精神，破除对马克思主义教条式的理解，所以研究《手稿》对于我们把马克思主义向前推进有特别重要的意义。

第一，学习《手稿》是我们全面理解马克思思想发展历程不可或缺的环节。只有研究学习《手稿》才能更加清晰地了解马克思思想转变的历程，了解马克思为什么要对政治经济学进行批判，写作《资本论》，了解马克思为什么会从1843年的费尔巴哈哲学推崇者，到1845年就转变成为费尔巴哈哲学的批判者，等等。可以说，跳过《手稿》的学习，我们就难以理解马克思思想的发展过程，难以理解马克思主义理论的形成过程。

第二，认真研究学习《手稿》有助于我们正确对待关于马克思主义理论中不同学说有价值的成分，有助于真正把握马克思主义。《手稿》中涉及了很多学说内容，有费尔巴哈的学说、黑格尔的学说、李嘉图的学说、魁奈的学说，等等。通过学习《手稿》，我们可以了解到马克思与这些学说思想之间的批判继承关系，可以了解到马克思克服旧哲学、创立新哲学的实际过程，真正把握马克思主义的精髓。

第三，《手稿》涉及的内容极为杂多，包含着各种思想，比如，异化劳动思想、反贫困思想、生态伦理思想、共产主义思想，等等，这些思想理论内容为我国解决贫困问题、生态环境问题，如何对待私有制问题，如何实现共同富裕，如何促进人的自由而全面发展，以及如何建设新时代中国特色社会主义提供了有益的借鉴，同时，也为我国在新的历史发展阶段，思考和选择社会发展路径提供了理论支持。

第三节 留给后人去评说

一、《1844年经济学哲学手稿》的简要评述

《手稿》是马克思主义形成过程中的一部具有转折意义的重要著作，是马克思由哲学批判转向经济学研究所取得的最初理论成果。它第一次把哲学、政治经济学和共产主义联结起来，展现了马克思主义理论体系的雏形，标志着马克思自觉创立马克思主义的开始。

（一）《手稿》是马克思在巴黎时期研究经济学的理论结晶，为创立马克思主义政治经济学奠定了初步基础

《手稿》集中反映了马克思在巴黎时期研究经济学所取得的理论成果。在这里，马克思站在无产阶级立场上，对资产阶级政治经济学进行了批判性地考察，分析了资产阶级政治经济学的理论观点及其内在矛盾，并揭露了它的阶级局限性和主观主义形而上学的方法。马克思深刻指出，资产阶级经济学是“资本家的科学自白”，它虽然“从私有财产的事实出发，但是，它没有给我们说明这个事实”，它虽然肯定劳动是财富的唯一本质，却没有给劳动者提供任何东西，而是给私有财产提供了一切。资产阶级经济学家所表述的不是人的劳动的规律，而是资本主义的异化

劳动的规律。它不是从私有财产的现实的运动中探求它的发展规律，而是从虚构的原始状态出发，以抽象的公式去衡量现实的运动，然后把这些公式当作规律。马克思对资产阶级政治经济学的分析批判，表明他已抓住了资产阶级政治经济学的实质和要害，找到了克服资产阶级政治经济学的途径和建立科学的政治经济学的方向。

《手稿》对资本主义生产方式作出初步的、科学的说明。马克思通过对资本主义所有制的分析，初步揭示了资本主义的经济结构和规律，特别是揭示了资本主义社会的“异化劳动”的性质，为后来揭示资本主义雇佣劳动的本质，创立剩余价值论奠定了基础。在对工资、资本、利润、地租、分工、需要、货币等问题的分析评述中，《手稿》提出了许多有价值的见解。《手稿》通过对资本主义矛盾的分析，指明了资本主义社会的过渡性质，为共产主义提供了初步的理论依据。

《手稿》提出了创立科学的政治经济学的任务与方法，是马克思自觉创立科学的政治经济学的重要起点。在这里，已经把正在形成中的唯物的、辩证的方法和历史唯物主义观点应用于政治经济学的研究，并取得了有价值的成果。由于《手稿》是马克思研究政治经济学的最初成果，其中表现出的不成熟性也是明显的，此时尚没有把劳动与劳动力严格区别开来，对劳动价值论还持有保留态度。但它已包含了科学政治经济学的萌芽，预示着与资产阶级政治经济学根本不同的无产阶级政治经济学必将诞生。

（二）《手稿》是马克思第一次对黑格尔哲学进行的全面性批判，它为实现哲学的变革迈出了关键一步

《手稿》是马克思继《黑格尔法哲学批判》之后，在取得政治经济学研究成果基础上，对黑格尔哲学进行的全面性批判。这种全面性主要表现在，它是对黑格尔哲学体系的批判。它以黑格尔《哲学全书》和作为黑格尔哲学的“真正诞生地和秘密”的《精神现象学》为对象，全面地分析批判了黑格尔哲学体系的唯心主义实质，揭露了黑格尔哲学理论的内在矛盾及其保守的性质。马克思指出，“整整一部《哲学全书》不过是哲学精神的展开的本质，是哲学精神的自我对象化；而哲学精神不过是在它的自我异化内部通过思维方式即通过抽象方式来理解自身的、异化的世界精神”①，其哲学体系的错误实质就在于把“主语和谓语之间的关系被绝对地相互颠倒了”②，即把物质与精神的关系颠倒了，在黑格尔那里主体是精神，“作为过程的绝对主体，作为使自身外化并且从这种外化返回到自身的、但同时又把外化收回到自身的主体，以及作为这一过程的主体；这就是在自身内部的纯粹的、不停息的旋转”③。它只具有批判的外观，实际上是保

①中共中央编译局.马克思恩格斯文集：第1卷［M］.北京：人民出版社，2009：202.

②中共中央编译局.马克思恩格斯文集：第1卷［M］.北京：人民出版社，2009：218.

③中共中央编译局.马克思恩格斯文集：第1卷［M］.北京：人民出版社，2009：218.

守的，在黑格尔哲学中加以扬弃的存在，并不是现实的存在，这种思想上的扬弃，在现实中一点没有触动自己的对象。

批判的全面性还表现在，马克思不仅指出黑格尔哲学的唯心主义性质，同时指明了黑格尔哲学所具有的积极因素，这就是作为推动原则和创造原则的辩证法；马克思肯定了黑格尔关于异化和异化扬弃思想的积极意义，即黑格尔把人看作是自我产生的过程，把劳动看作是人的本质，是人的本质对象化的过程，但同时马克思也指出，黑格尔“唯一知道并承认的劳动是抽象的精神的劳动”。

马克思在《手稿》中，通过对黑格尔哲学的批判和对共产主义的论述，阐发了一系列认识论、辩证法和历史唯物主义的深刻见解。他具体地揭示了主体与客体的关系，以及人作为主体的主体性的本质。在《手稿》中提出的关于劳动是人的本质的思想，社会历史是人通过劳动的自我生成过程的思想，关于物质生产决定精神生产的思想，关于人的生产和动物的生产的区别的思想，关于人的实践对认识的决定作用的思想，等等，表明马克思已克服了费尔巴哈哲学的直观性，而向辩证唯物主义和历史唯物主义迈出了关键性的具有决定意义的一步。在这里，唯物主义与辩证法已初步地结合起来，已抓住了新世界观的实质，已接近对社会历史的本质认识。而且这里所包括的深刻思想，是后来著作中所少见的。

《手稿》第一次对费尔巴哈哲学作出比较全面的评价。马克思充分地肯定了费尔巴哈从唯物主义出发批判黑格尔哲学的伟大功绩；同时也指出了他对黑格尔哲学包含的合理因素的忽视。但应该说，马克思虽然实际上已突破了费尔巴哈哲学的局限性，但在认识上尚没有达到自觉，这表现在他对费尔巴哈有着的过高评价，并用费尔巴哈的概念表达他的新思想等方面。

《手稿》清楚地展现出了马克思主义哲学同黑格尔哲学和费尔巴哈哲学的批判继承关系，以及马克思克服旧哲学创立新哲学的实际过程。这是《手稿》一个突出的特点，也是它的一个重要的理论价值。

（三）《手稿》第一次从经济出发论证共产主义，为创立科学社会主义理论体系迈出了重要一步

写作《手稿》以前，马克思对共产主义问题已有所触及和论述，在《德法年鉴》上发表的文章，提出了“人类解放”的问题，并指出无产阶级是这一解放的物质力量。但是，当时马克思尚没有使用“共产主义”或“社会主义”一类的术语，更没有把共产主义建立在对资本主义经济分析的基础上，而是用“人本身是人的最高本质”作为理论根据，尚具有较深的人本主义烙印。而《手稿》对共产主义的论述，不仅比过去系统，而且建立在新的基础之上，即建立在对资本主义社会的经济分析和阶级分析之上，是从经济的发展过程出发，得出共产主义结论的，其中特别是借助于对异化劳动的分析而展开的。马克思认为，共产主义代

替资本主义，正像资本主义代替封建制度一样，是社会历史发展的必然规律，他对共产主义的基本特征作了概括，并指明了实现共产主义的道路。他对空想的社会主义、共产主义中把消灭私有财产简单地理解为对物的占有、享有，而主张平均分配财产的错误，进行了有意义的批判。马克思在这里特别强调共产主义要消灭异化劳动，达到对人自身的本质的占有。这里对共产主义的论述，虽然仍然带有一定人道主义和思辨的色彩，但就其基本精神而言，已具有了科学的性质。应指出，《手稿》中所讲的共产主义不是人类所达到的目标和一种社会形态，而是把它看作是扬弃异化、扬弃私有制的一个环节。《手稿》中关于实现共产主义的客观条件与道路的论述，关于对空想社会主义、空想共产主义的批判，在今天看来也仍然是正确的、有价值的。

（四）异化劳动理论是《手稿》中的重要理论成果，是马克思创立马克思主义过程中的一个重要的中介环节

异化劳动概念是马克思研究资本主义经济，批判继承传统异化理论，特别是直接批判继承费尔巴哈和黑格尔的异化观而提出的一个重要概念，也是马克思自己异化思想发展的必然结果。异化劳动概念既克服了黑格尔异化观的唯心主义性质，又克服了费尔巴哈异化观的人本主义局限，它从资本主义雇佣劳动事实出发，揭示了雇佣劳动本身的异化本质。在异化劳动概念中，异化

的主体没有归结为黑格尔的自我意识，也没有归结为费尔巴哈的抽象的人，而是归结为人的劳动。同时，这个概念又保留了黑格尔异化观的合理因素，把异化归结为一种主体对象化的表现；又继承了费尔巴哈人本主义的合理之处，即把异化的主体归结为人。因而，异化劳动概念既不是一个唯心主义的概念，也不是人本主义的概念，而是高于前者之上的属于历史唯物主义性质的概念。它虽然不是对资本主义社会雇佣劳动的本质的深刻揭示，但它在一定层次上反映了雇佣劳动的本质，或者说它是对资本主义雇佣劳动本质的异己本质的认识，已大大超越了资产阶级政治经济学。异化劳动的重要理论意义不仅在于对资本主义雇佣劳动的认识，而且在于它抓住了人的劳动的本质，揭示了人的主体的本质，并从物质性异化与思想性异化的关系中，揭示了劳动生产在社会发展中的基础作用、根源作用；还在于它为人们正确理解主体与客体的辩证关系提供了重要前提，看到人作为主体的能动的本质，从而把唯物主义与辩证法统一起来，在主体与客体关系上既克服了唯心主义的错误，又避免了旧唯物主义的形而上学性与直观性。因而异化劳动的提出，为马克思解决全部哲学问题，特别是把唯物主义原则贯彻到底，达到辩证唯物主义和历史唯物主义的高度奠定了基础，这是马克思创立新的哲学体系的一个重要中介环节。

异化劳动概念的提出，是马克思思想发展的一个重要历史阶段。不可否认的是，《手稿》中异化劳动概念在内容上还包含着费尔巴哈人本主义杂质，主要表现为把异化劳动不科学地归结为人与人的类本质的异化。但是，对此也应加以具体的分析。由于马克思与费尔巴哈不同，他不是把人看作抽象的、生物意义上的共同性，而是认为人的本质是劳动，是自由自觉的活动，因而马克思所讲的人与人的类本质相异化是不同于费尔巴哈的人本主义异化观的。

《手稿》中对异化劳动与私有制的关系尚未作出透彻的说明，对异化劳动的深刻根源也阐述得不充分。这些缺陷的存在，正表现了异化劳动概念的局限性，即尚未在更深层次上揭示社会发展的根源。但这些不足很快得到了解决，马克思在《德意志意识形态》中已经基本上回答了异化劳动的根源问题。随着历史唯物主义的创立，在后来的著作中，马克思便不再用异化劳动作为理解社会问题的最后根据。但是，由此不能认为，异化劳动概念不是一个科学的概念，或者不是马克思主义概念。因为异化劳动在一定层次上反映了资本主义雇佣劳动的本质，因而有其一定的认识价值。把异化概念只看作过渡性概念，否定它具有科学性；或者否认它的局限性，把它看作是马克思思想的本质所在，用异化劳动说明一切，都是不正确的。

二、国内外学者关于《1844年经济学哲学手稿》的评价

对于《手稿》的研究热度延续至今，关于《手稿》的评价学

者们也都作了不同程度的总结，其中冯颜利先生对于国内外学者的评价总结得较为详尽，为我们提供了很好的参考。

（一）国外学者对《手稿》的评价

1932年，《马克思恩格斯全集》第一部分第三卷首次以德文原文发表了全部手稿。手稿的全文发表立即引起了学者们的关注，形成了一股研究热潮。总的来看，国外学者对《手稿》的评价大体有三种态度。

第一种观点认为，《手稿》是马克思思想发展的顶峰。

持这种观点的学者大都赞成对马克思主义的人道主义阐释。朗兹胡特和迈尔认为，《手稿》是马克思的中心著作，异化是历史唯物主义的核心概念。“自我异化是正在发生的历史的现实的、物质的过程的人的结果。随着这种自我异化的发生，也就必然有扬弃它的现实条件，就是说，自我异化的条件本身必然同时是人的自我实现的条件。人类历史的现实的、物质的过程本身就是人的自由形成的过程。这就是所谓‘唯物主义历史观’的真正核心。”[①]并且提出异化思想是马克思在费尔巴哈和黑格尔哲学那里获得启示并把它提出来的，更重要的是在他以后的整个余生的精力都集中于“指出那些使观念和现实的矛盾得到解决的既存的现实力量”。

①中共中央编译局.《1844年经济学哲学手稿》研究［M］.长沙：湖南人民出版社，1983：290.

德曼认为，《手稿》对重新理解马克思的思想发展史具有决定性的意义，它是马克思成就的高峰，它清楚地揭示了隐藏在马克思社会主义信念背后的人道主义动机。他说《手稿》这部著作“比马克思的其他任何著作都更清楚得多地揭示了隐藏在他的社会主义信念背后，隐藏在他一生的全部科学创作的价值判断背后的伦理的、人道主义的动机”①。他认为：“马克思的任何一部其他著作，都不像这部著作这样清楚地展示出隐藏在马克思社会主义思想后面的人道主义主题。”②因此，他认为这种动机是人道主义的而不是经济学的。

弗洛姆认为，现实的个人的存在问题是《手稿》的核心问题，它与《资本论》中表达的思想并没有根本的不同，他认为马克思之后的著作延续了《手稿》中关于人的本质的概念，在《手稿》占据中心地位的思想在《资本论》中继续占有中心地位。③并且指出马克思对资本主义批判最有意义的地方，不是批判财富的不公正分配，而是劳动被歪曲成强制的、异化的、没有意义的劳动。也就是说，异化是对人的生产性潜能的否定。劳动本应该是自我表现的一种方式，但是在异化的情况下，劳动变成了统治人的异己的力量，因为人们在劳动中不是肯定自己，而是否定自

①弗洛姆，马尔库塞，等.西方学者论《1844年经济学-哲学手稿》［M］.上海：复旦大学出版社，1983：122-123.

②弗洛姆，马尔库塞，等.西方学者论《1844年经济学-哲学手稿》［M］.上海：复旦大学出版社，1983：3.

③万俊人.清华哲学年鉴（2004）［M］.保定：河北大学出版社，2006：107.

己；不是感到幸福，而是感到不幸；不是自由地发挥自己的体力和智力，而是使自己的肉体受折磨、精神遭摧残。

马尔库塞强调，《手稿》中的“劳动”“物化”“私有财产”等范畴已经超出了经济学的范围，深入到把总体的人的存在作为研究课题的领域，成为历史唯物主义的基础。值得注意的是，马尔库塞在他自己的研究中发现，马克思在《手稿》中所讲的工人与资本家之间的矛盾，随着产品的极大丰富而逐渐地弱化甚至消失了。这是由于社会财富的增加、产品的极大丰富，资本主义要攫取更多的利润就不得不扩张自己的版图，本国的空间已经远远不能满足资产阶级的需要，从而开始向本国之外扩张，这样就缓解了本国工人阶级和资本家阶级的矛盾，并出现工人阶级和资本家阶级同化的趋势，工人阶级和资本家阶级逐渐融为一体。这种趋势使得工人阶级失去了反抗的动力，他们的革命动力不存在了，转变成了肯定资本主义社会的一种力量。马尔库塞正是从意识形态的异化、科学技术的异化、人的异化等方面，对现代工业文明的消极影响进行了深刻的反思和批判，试图从西方社会高度富裕和高度自由的外表揭示出它对个人的统治和压抑。

弗兰尼茨基认为，《手稿》中关于世界和人的观点已经成熟，虽然某些明确的论断还没有提出来，但是考察这个根本问题的基础和范围已经奠定，以后的著作只是说明。他说：“马克思的这部手稿最清楚不过地告诉我们，一种新的天才的关于世界和人的观点已经成熟了。虽然某些明确的论断还没有提出来，但是考察这个根本问题的基础和范围已经牢固地奠定了。以后的著作只是说明，面临的任务主要是：彻底遵循这些基本思想，把握整个人类的历史存在，更精确地表述各种结论。”[①]

塔克尔认为，《手稿》中阐述的哲学共产主义才是原本的马克思主义，它的核心主题是“自我异化的人”。

卢卡奇认为，《手稿》的发表是马克思明确地宣布了自己的新世界观，马克思在以后的研究就是在哲学、经济学和历史领域努力建立和加深这个世界观。特别值得注意的是，西方马克思主义者卢卡奇相对于其他的马克思主义学者来说是最早对异化理论进行研究的。他在1923年出版的《历史与阶级意识》一书中就对“物化”进行了描述（在卢卡奇看来这里的“物化”与“异化”几乎可以等同使用），用这一概念对资本主义的社会关系和本质特征进行了批判。卢卡奇认为：“无产阶级作为资本主义的产物，必然隶属于它的创造者的生存模式。这一生存模式就是非人性和物化。”[②]于是，物化就成了资本主义社会的普遍特征。进而卢卡奇认为“人自己的活动，他自己的劳动，成为客观的、独立于自己的某种东西”。物化导致了人不能控制物的世界，市场关系就是这种物的关系的最好体现；而人自己的活动反过来受这种物的商品关系的控制，成为被奴役劳动者。卢卡奇认为这种物

①弗兰尼茨基.马克思主义史I［M］.北京：人民出版社，1986：115.

②卢卡奇.历史与阶级意识［M］.北京：商务印书馆，1992：76.

化现象已经成为人们不能逃离的社会现实。在这一世界中所有人与人之间的关系都变成了物与物之间的关系，人所创造的这种关系是与自身相对立的。同时，他还强调由于物化，人变得被动，人们逐渐丧失了对理想的追求和对未来的憧憬，这使得人们成了机器，失去了创造力。

对于物化现象，卢卡奇提出了自己的解决方法。他认为，要克服无产阶级的异化状况，就要唤醒他们的主动性，通过主体的觉醒让他们对总体性产生一种渴望。有了总体性和主体性，人们就能够生活得更有意义。至于什么是总体性，卢卡奇认为，它实质上就是一种领导权。无产阶级要克服物化意识，改造资本主义社会，就必须获得领导权，唤起自己的主动性。

第二种观点认为，《手稿》是一部过渡性的著作，虽然里面含有一些历史唯物主义的思想因素，但整体上还带有费尔巴哈的人本主义痕迹。

博蒂热利认为，《手稿》本质上是一部过渡性的著作，虽然马克思已经认识到了社会形态的历史性，并且把无产阶级与资产阶级的对立看成是历史进化的结果，但这种观点是从黑格尔出发的抽象的哲学推理的结果，还没有发现生产力与生产关系矛盾运动的规律。他说：“1844年马克思的思想与它的最终形式相差还很远，《手稿》不是已经完成了的思想的体现，而是弄清那些在许多方面正处于摸索阶段的思想的见证”，“是一部在许多方面已形成了的思想力求达到自我澄清的著作”①。

科尔纽认为，马克思“1844年在巴黎革命无产阶级的直接影响下在巴黎写成的《经济学哲学手稿》，包含着对作为共产主义的科学基础的辩证唯物主义和历史唯物主义的初次阐发，因为标志着马克思思想上一个决定性的转折点”②。在《手稿》中，马克思把思维和存在、人和外在世界的统一看作是具体实践的结果，并力图从经济发展中去寻求社会变革的原因，但它仍带有唯心主义色彩。③

麦克莱伦指出，虽然马克思声称自己的结论是通过完全经验的分析得出的，但“异化”和“人的本质的实现”这些术语的运用表明马克思的分析并不完全是科学的。④

奥伊泽尔曼指出，《手稿》中的异化概念具有过渡性质。一方面，异化概念确定了一个经济事实，即劳动产品和生产活动本身的异化。另一方面，它又是在费尔巴哈的意义上使用的，即人的本质的异化和自我异化。⑤

第三种观点认为，《手稿》是一部不成熟的著作。

---

①中共中央编译局.《1844年经济学哲学手稿》研究［M］.长沙：湖南人民出版社，1983：280-284.

②奥古斯特·科尔纽.马克思恩格斯传：第2卷［M］.北京：生活·读书·新知三联书店，1965：275.

③奥古斯特·科尔纽.马克思的思想起源［M］.北京：人民大学出版社，1987：77-78.

④戴维·麦克莱伦.马克思传［M］.北京：人民大学出版社，2005：112.

⑤中共中央编译局.《1844年经济学哲学手稿》研究［M］.长沙：湖南人民出版社，1983：117.

持这种观点的代表人物是阿尔都塞。他认为，以1845年为界，青年马克思与成熟的马克思之间存在着“认识论的断裂”，1845年前是意识形态阶段，1845年后是科学阶段。《手稿》时期的马克思尽管在政治上已是共产主义者，但在理论上还不是一个马克思主义者。因为《手稿》中的“异化”“人的本质”“人道主义”等概念表明，它的“理论框架”仍然是黑格尔的理性主义和费尔巴哈的人本主义。[①]所以阿尔都塞认为，马克思在《手稿》中的论述，标志着马克思已经站到了无产阶级和共产主义事业的一边，但是这并不意味着历史唯物主义就已经制定出来。

施密特认为，《手稿》具有抽象化和浪漫化的人本主义倾向，由于马克思没有经济史方面的正确知识，因此还未能完全从费尔巴哈的偶像化了的“人”与“自然”中解放出来。[②]

总之，从20世纪30年代开始，西方学者对《手稿》进行了广泛而深刻的研究，主要是围绕如何评价《手稿》中的异化理论而展开的，以此出发引发了所谓“青年马克思”与“老年马克思”的争论。到20世纪60年代末，学者们对《手稿》的研究开始转向文献学研究并取得了丰硕的成果。

①阿尔都塞.保卫马克思［M］.北京：商务印书馆，1984：17.

②阿尔弗雷德·施密特.马克思的自然概念［M］.北京：商务印书馆，1988：137.

（二）国内学者对《手稿》的评价

国内学者对《手稿》的评价主要有两种观点：一种受西方思潮影响，认为《手稿》是马克思哲学思想的顶点与峰巅，后来的唯物史观——《资本论》不是发展，而是倒退。这种对《手稿》评价过高，高到同后来马克思的思想发展、同恩格斯、同全部马克思主义都根本对立起来，并且要求用他们所理解的《手稿》精神来修改或重新解释、批判全部的马克思主义，制造了所谓的“两个马克思”，这种观点被人们称为“顶点论”；另一种则受苏联研究影响，认为《手稿》仍然带有黑格尔、费尔巴哈的影响，是不成熟的著作，竭力贬低《手稿》的价值和意义。学者们就此展开了争论，见仁见智。

陈先达在其专著《走向历史的深处》中提出了《手稿》主题思想与论证方式的矛盾。他认为《手稿》以异化劳动作为基本理论和方法，因而它的主题和对主题的哲学论证之间存在着不相适应的矛盾。他指出，马克思关于真正的人和异化的人、真正的社会和异化的社会、真正的劳动与异化的劳动的对立，并以前者为尺度来衡量后者是不科学的，马克思对商品、货币的看法也表明他的思想并不成熟。

孙伯鍨、张一兵在《走进马克思》一书中提出了《手稿》两条思路、两条逻辑的矛盾。他们认为，《手稿》中存在着以抽象的人的本质为出发点的思辨逻辑和以现实的经济事实为出发点的科学逻辑之间的矛盾。因此，《手稿》还不是一部成熟的马克思主义著作，马克思第一次面对经济和经济学的时候，还不是一个成熟的哲学家，这时他还不可能得出唯物主义历史理论。

张一兵在《回到马克思》一书中进一步提出了两种语境、两种话语的矛盾。他认为，两种完全异质的理论逻辑和话语并行在《手稿》中，呈现了一种奇特的复调语境，《手稿》是一个由极其复杂的多重逻辑线索构成的矛盾思想体，并认为《手稿》里的相当一部分论述是不科学的。

张奎良在《哲学革命变革的源头和对历史之谜的解读》一文中则持相反意见，他认为，不应把《手稿》排除在成熟著作之外，《手稿》在马克思主义形成中具有里程碑式的地位和意义。此后的《关于费尔巴哈的提纲》《德意志意识形态》都不过是《手稿》思想的进一步发挥和展开。马克思的实践唯物主义正是发源于《手稿》，在《手稿》中业已形成并表述了实践唯物主义的基本思想。此时的马克思已经完成了从唯心主义到唯物主义和从革命民主主义到共产主义的两大转变，基本上形成了实践唯物主义的思维方式和世界观。他后期的思想是对《手稿》思想的进一步升华。

黄楠森既不同意对《手稿》评价的“不成熟论”观点，认为这是对《手稿》的基本否定，也不同意“成熟著作”的提法，而是持“转变论”的看法。他认为，《手稿》是马克思从唯心主义和旧唯物主义向新唯物主义转变的最后时期，马克思对“人的本质”的理解、对实践的理解为唯物史观的形成做好了重要的准备。

王东在《解读马克思的三种模式——我国理论界对〈1844年经济学哲学手稿〉的探索及我们的见解》中又提出了“起点论”的全新评价。他认为，《手稿》是马克思哲学的创新起点，既区别于“顶点论”的过高评价，也区别于“不成熟论”或“矛盾论”的过低评价。他认为，《手稿》既不是马克思思想的顶点之作，也不是成熟之作，而是他哲学创新的起点之作、原创之作。从2002年起，他先后就此发表过6篇论文，出版专著《马克思学新奠基——马克思哲学新解读的方法论导言》，深入阐述了他的这一观点。

阎树森在《创立马克思主义理论体系的开端——〈1844年经济学哲学手稿〉的解释与探讨》中认为，在《手稿》里，马克思第一次描述了马克思主义科学理论体系的宏伟大厦的轮廓。在理论批判和对资本主义现实批判相结合中，把政治经济学的批判和哲学的批判第一次结合起来。在剖析资本主义社会自身的发展规律的基础上，论证了它的未来发展趋势，合乎规律地第一次揭示了共产主义产生的历史必然性，第一次阐明了关于共产主义社会的基本特征的科学预见，为创立无产阶级的科学理论体系做出了巨大贡献，并且阐述和总结了马克思在政治经济学、共产主义理论和哲学三个方面理论上取得了丰富的成果。

熊子云在《〈1844年经济学哲学手稿〉摘要》中认为，《手稿》作为马克思主义形成的决定性时期的产物，具有继往开来的意义。但是，马克思此时关于政治经济学的研究毕竟是刚刚起步，尤其是针对古典经济学最重要的科学成果——劳动价值论采取了否定的态度，由此可以看出马克思此时的经济学理论还是很不成熟的。但是马克思在《手稿》中完成了由唯心主义和革命民主主义向唯物主义和共产主义彻底转变的过程，并且开始把经济学、哲学、共产主义学说有机地结合起来，奠定了马克思主义学说的雏形。并且从“研究与批判资产阶级经济学，开始了创立无产阶级政治经济学的过程”“全面批判黑格尔哲学，为创立马克思主义哲学奠定基础”和“批判蒲鲁东改良主义和粗陋的共产主义，开始科学地论证共产主义”三个方面，阐释和评价马克思在《手稿》中的思想。

知识链接

辩证唯物主义

辩证唯物主义是关于自然界、人类社会和思维发展的最一般规律的哲学学说，是马克思主义哲学的组成部分，唯物主义哲学发展的高级形态。

狄慈根在1886年出版的《一个社会主义者在认识论领域中的漫游》一书中，最早用以表述由马克思和恩格斯创立的新唯物主义。列宁和毛泽东等多次使用这一术语。它在科学实践观基础之上，正确回答了哲学基本问题。它是唯物主义和辩证法有机的统一。既同唯心主义和形而上学根本对立，又同一切旧唯物主义有原则区别。

辩证唯物主义认为：世界是物质的，意识是物质高度发展的产物，是对物质的反映；这种反映是能动的辩证的过程，它依赖于实践，又转过来为实践服务；世界是普遍联系和运动发展的，对立统一规律是宇宙的最根本的规律，矛盾推动事物的运动和变化；辩证法、认识论和逻辑三者是一致的。它同历史唯物主义密切联系，成为无产阶级的世界观和方法论，随着科学和实践的发展而不断丰富发展。

德国古典哲学

德国古典哲学是18世纪末至19世纪上半叶的德国资产阶级哲学。以康德为创始人，费希特、谢林、黑格尔和费尔巴哈为主要代表。康德哲学的主要特点是企图调和唯物主义与唯心主义，他为德国古典哲学奠定了基础。费希特和谢林从右边批判康德哲学，发展了康德哲学的唯心主义方面。黑格尔在他们的基础上创立了庞大的客观唯心主义哲学体系，把理性辩证哲学推向顶峰。费尔巴哈从左边批判黑格尔哲学，恢复了唯物主义的权威。德国古典唯心主义将辩证法与唯心主义结合在一起，使古代朴素的辩证法发展到唯心辩证法阶段，而费尔巴哈的机械唯物主义对以后哲学的发展影响很大。德国古典哲学是马克思主义的三个来源之一，它的主要成就是黑格尔辩证法中的“合理内核”与费尔巴哈唯物主义的“基本内核”。马克思和恩格斯批判地接受了它们，加以革命的改造，创立了辩证唯物主义与历史唯物主义。

第二国际

第二国际是各国社会民主党和社会主义工人团体的国际联合组织。1889年7月14日在巴黎国际社会主义者代表大会上成立。在恩格斯的指导和影响下，初期基本上执行马克思主义路线，团结工人阶级队伍，进行反对无政府主义的斗争，广泛地传播马克思主义，促进了各国工人组织、工人运动的广泛发展。

19世纪末20世纪初，第二国际各国党内的机会主义迅速滋长，第二国际逐渐分化为三派：一是以德国福尔马尔、伯恩施坦等为代表的右派，是公开的修正主义者；二是以德国哈阿兹、考茨基等为代表的“中派”，以正统的马克思主义自居，表面上站在左派和右派之间，实际上支持右派；三是左派，以列宁、卢森堡、卡尔·李卜克内西等为代表，他们同修正主义、机会主义者展开不可调和的斗争。右派和“中派”占据着第二国际组织的领导地位，使第二国际日趋堕落。第二国际共召开过九次代表大会。第一次世界大战爆发后，第二国际的大多数社会民主党人公开违背国际主义原则，支持本国资产阶级政府参加帝国主义战争，沦为社会沙文主义政党。最后陷于破产。

第三国际

第三国际，亦称“共产国际”，是全世界共产党和共产主义组织的国际联合组织。第一次世界大战爆发后，第二国际陷于破产，列宁为团结各国的革命左派、建立共产国际进行了一系列工作。1919年3月2日于莫斯科召开有30个国家的工人政党和组织代表参加的国际共产主义代表大会，通过了《告全世界无产者》的宣言、《共产国际行动纲领》和《关于资产阶级民主和无产阶级专政的提纲》，宣告共产国际成立。其任务是宣传马克思主义，团结各国工人阶级和广大劳动群众，为推翻帝国主义和资本主义统治，建立无产阶级专政，消灭剥削制度而斗争。总部设在莫斯科。凡参加共产国际的各国共产党都是它的支部。以后随着国际共产主义运动的发展，原有组织形式不能适应新形势的要求，经各国共产党一致同意，于1943年6月正式解散。

第一国际

第一国际，亦称“国际工人协会”。第二国际成立后，才称“第一国际”，是国际性的工人联合组织。

19世纪60年代，随着工人运动日益高涨，各国先进工人要求在国际范围内建立有组织的联系。1864年9月28日在伦敦召开的有英国、法国、德国、意大利、波兰等国工人参加的国际工人会议上，宣告成立国际工人协会。马克思为它起草了成立宣言和共同章程等许多重要文件，规定它的任务是团结各国工人，共同行动，保卫工人阶级利益，为完全解放工人阶级，并消灭任何阶级统治而斗争。第一国际的组织原则是民主集中制。它的最高权力机构为代表大会，大会闭会期间为总委员会（中央执行机关）。

第一国际在马克思和恩格斯的领导下，团结了各国的工人阶级队伍，传播了科学社会主义，开展了对蒲鲁东主义、工联主义、拉萨尔主义、巴枯宁主义等各种机会主义和分裂主义的斗争；培养了一批优秀的工人运动干部，为欧美各国建立无产阶级政党奠定了基础。巴黎公社失败后，第一国际的组织形式已经不能适应新形势的要求，1876年7月在美国费城召开的第三次代表会议上正式宣布解散。

发展观

发展观是人们对事物是否发展变化和怎样发展变化的认识和根本态度，是世界观的组成部分。发展观有两种基本的发展观点：形而上学和辩证论。形而上学用孤立、静止、片面的观点看待世界，否认发展是事物内部矛盾引起的自身运动，否认质的变化。辩证的发展观认为，事物内部的矛盾性是发展的根本原因，量变必然引起质变，整个世界发展的总趋势是曲折前进、螺旋上升的运动。发展观在社会历史领域指关于发展的本质、目的、内涵和要求的总看法和根木观点。不同的发展观决定不同的发展道路、模式、战略。在社会发展的不同时期有不同的发展观。

方法论

方法论是关于认识世界和改造世界的方法的理论，按其不同层次有哲学方法论、一般科学方法论、具体科学方法论之分。哲学方法论是关于认识世界和改造世界的最根本的方法理论。一般说来，方法论同世界观是统一的。用世界观去指导认识世界和改造世界，就是方法论。一切从实际出发，实事求是，矛盾分析，具体情况具体分析，以及历史唯物主义的分析法，是马克思主义哲学方法论的基本要求。

封建主义（制度）

封建主义制度是以封建地主占有土地、剥削农民（或农奴）

剩余劳动为基础的社会制度。随着生产力的发展和奴隶制的瓦解而产生。在封建制度下，封建地主阶级拥有最大部分的土地，农民（或农奴）完全没有土地或只有很少的土地。农民（或农奴）耕种地主的土地，对地主阶级有不同程度的人身依附，受地主剥削和压迫。地主剥削农民的主要方式是向农民收取地租。在封建社会，自然经济占主要地位。与奴隶制比较，农民由于有一定程度的人身自由，有自己的生产工具，收成好坏同本身利益相联系，因而对生产产生兴趣，促进了生产力的发展。封建社会基本的阶级是地主阶级和农民阶级。封建社会的政治上层建筑主要是以君主制和等级制为特点的封建制国家。占统治地位的意识形态是地主阶级思想，它以维护封建剥削和等级制、宣扬封建道德为特征。地主对农民的残酷剥削和压迫，使阶级矛盾日益尖锐。历史上不断起伏的农民起义和农民战争，打击了封建统治，在一定程度上推进了生产力的发展。在封建社会后期随生产力和商品经济的发展产生了资本主义经济的萌芽。封建制度经过资产阶级革命而为资本主义制度所代替。一般认为中国在春秋战国之交进入封建社会。1840年鸦片战争后外国资本主义侵入中国并和封建势力相勾结使中国逐步沦为半殖民地半封建社会。新中国成立后，在中国共产党领导下，全国开展了土地改革运动，彻底消灭了封建制度。

工人阶级（无产阶级）

工人阶级，亦称“无产阶级”，是指在资本主义社会不占有生产资料，而依靠出卖劳动力为生，受资产阶级剥削的阶级。工人阶级出现于14—15世纪欧洲的工场手工业时期，成长于18世纪产业革命和机器工业发展以后。19世纪40年代，在马克思主义指导下，工人阶级由自在的阶级成为自为的阶级。工人阶级与机器大生产相联系，代表最先进的生产力，最有远见，大公无私，最有组织性、纪律性和革命的彻底性。工人阶级是资本主义制度的掘墓人，肩负实现社会主义、共产主义和解放全人类的历史使命。在社会主义社会，工人阶级摆脱了被剥削、被压迫的地位，成为公有制经济生产资料的主人，是掌握国家政权和进行社会主义革命、社会主义建设的领导阶级。

中国工人阶级是在中国沦为半殖民地半封建社会的过程中产生的，他们深受帝国主义、资产阶级和封建势力的三重压迫，在革命斗争中比其他阶级坚决和彻底。在帝国主义和无产阶级革命的时代，中国工人阶级一开始走上政治舞台，就在本阶级的先锋队——中国共产党的领导下，成为中国社会中最有觉悟的阶级。中国工人阶级同广大农民有天然的联系，便于他们和农民结成亲密的联盟。中国工人阶级（通过中国共产党）领导全国人民推翻了帝国主义、封建主义和官僚资本主义的统治，取得新民主主义革命的胜利，建立了社会主义国家并领导全国人民进行社会主义现代化建设事业。在社会主义时期，中国的知识分子作为脑力劳动者，在总体上已成为工人阶级的一部分。

工业革命

工业革命，亦称“产业革命”。是指18世纪开始的以机器生产逐步取代手工劳动，以大规模工厂化生产取代工场手工生产的发展阶段。一般认为，工业革命发源于英格兰中部地区。工业革命率先在英国爆发是历史的必然。资产阶级在英国取得了统治地位之后，通过圈地运动，聚集了资本和大量劳动力，扩大了国内市场。新航路开辟的海外贸易及殖民扩张，为英国积累了原始资本，提供了广阔的原料产地和商品倾销市场，刺激了国内商品生产。英国又有比较完备的科学和先进的技术、经验。随着市场需求的增大，手工生产已无法满足需求，一场机器生产革命由此诞生。1764年，珍妮纺纱机的出现，标志着工业革命开始在英国发生。18世纪中叶，英国人瓦特改良蒸汽机后，一系列技术革命引发了从手工劳动向动力机器生产转变的重大飞跃。蒸汽机是人类历史上第一个人造的可控、可移动的非自然力的动力机，也是工业革命的“动力机”。以蒸汽机为标志的机器生产随后传播到整个英格兰及欧洲大陆，19世纪传播到北美地区，后来工业革命传播到世界各个国家和地区。

工业革命是资本主义发展史上的一个重要阶段。工业革命为资本主义社会取得相应的经济基础创造了条件，促使传统农业社会转向现代工业社会。工业革命既是生产方式的变革，也是一场深刻的社会关系的变革。在生产方式方面，它使机器生产代替了手工劳动，工厂代替了手工工场。在社会关系方面，它使社会关系简单化——整个社会明显地分裂为两大直接对立的阶级，即资产阶级和无产阶级。工业革命还极大地推动了19世纪自然科学的发展。

共产主义

共产主义是马克思、恩格斯创立的关于无产阶级解放的性质、条件和一般目的的学说，具有科学性和阶级性。共产主义学说经历了科学化的发展过程。在马克思提出共产主义之前，就有关于共产主义思想的萌芽。如 15 世纪捷克胡斯革命运动、16 世纪德国农民战争、17 世纪英国资产阶级革命时期等，都流传着财产公有、人人劳动、满足社会成员需要这样一些思想；而劳动群众对这些美好理想的向往和追求也曾经体现于一些理想社会的空想描写和理论著作中。

马克思和恩格斯批判地继承了历史上关于共产主义思想的一切优秀成果，总结欧洲工人运动革命实践中的经验，使共产主义从空想变成了科学。他们批判地吸收了德国古典哲学、英国吉典政治经济学、法国空想社会主义学说，建立了马克思主义这一科学的共产主义思想体系。

在《1844年经济学哲学手稿》中，马克思指出：“共产主义是对私有财产即人的自我异化的积极的扬弃，因而是通过人并且为了人而对人的本质的真正占有；因此，它是人向自身、也就是向社会的即合乎人性的人的复归，这种复归是完全的复归，是自觉实现并在以往发展的全部财富的范围内实现的复归。”这里仍带有费尔巴哈人本主义的影响，但马克思已把共产主义与消灭私有制联系在一起。

《共产党宣言》在唯物主义历史观的基础上，对共产主义理论作了全面系统的阐述。这个时期，马克思还没有对共产主义与社会主义两个概念做严格的区分。马克思认为，共产主义是一种最现实的运动，是由无产阶级领导的，以推翻资本主义和剥削阶级压迫，为实现共产主义而进行的社会革命运动。他在《德意志意识形态》中指出：“共产主义对我们来说，不是应当确立的状况，不是现实应当与之相应的理想。我们所称为共产主义的是那种消灭现存状况的现实运动。这个运动是由现有的前提产生的。”

共产主义是对现实私有制的根本否定，逐渐消灭剥削、消除两极分化，建立公有制，最终实现共产主义。共产主义最终是实现人们共同占有社会资源、共同劳动、共同分享劳动成果的公有制形式。它是社会主义发展的高级阶段。列宁称第一阶段（低级阶段）是社会主义，第二阶段（高级阶段）是共产主义。

马克思在《哥达纲领批判》中指出，共产主义社会的第一阶段还不是在它自身已经发展了的共产主义社会，是它刚刚从资本主义社会中产生出来，在经济、道德和精神方面都还带有它脱胎出来的那个旧社会的痕迹。到共产主义的高级阶段，生产资料归社会所有，消灭了人剥削人的现象，所有社会成员都参加劳动，社会生产中的无政府状态转为有计划的组织生产，生产力高度发展，发展生产力的目的是满足整个社会不断增长的物质文化需要。

共产主义社会的基本特征是实行“各尽所能，按需分配”。劳动不仅仅是谋生的手段，而且成了生活的第一需要。社会财富极大丰富，人们具有高度的思想觉悟。在这样的条件下，才能真正实现人的自由全面发展，实现无产阶级和全人类的彻底解放。共产主义的实现是一个循序渐进的漫长的历史进程。其间充满着矛盾和斗争，有胜利和前进，也会有曲折和失败，但共产主义发展的前景是光明的。共产主义事业是人类历史上最伟大的事业，必须根据自身发展的客观实际，遵循社会发展的客观规律，经过多少代人的自强不息、艰苦奋斗才能完成。

货币

货币，是固定地充当一般等价物的特殊商品。在原始社会末期，随着社会分工和商品交换的发展，自发地从商品界分离出一般等价物。在各国历史上，牲畜、兽皮、贝壳、布帛、金属等都曾充当过一般等价物，最后逐渐固定在贵金属金、银上。充当货币的金（或银）的使用价值是二重化的。它有商品的自然属性所决定的使用价值，如金可镶牙和做装饰品，又有其特殊的社会职能的使用价值，即可作为一般等价物用来交换一切商品，直接体现社会劳动，是财富的一般代表。货币有五种职能：价值尺度、流通手段、贮藏手段、支付手段和世界货币，其中前两种为基本职能。商品生产者通过货币相互交换劳动产品建立联系，货币反映着商品生产者之间的社会关系。

机会主义

机会主义源出法语opportunisme，意为应付或妥协。最早用来形容19世纪法国政治舞台上的一些没有固定政治见解、随机应变的政党和政客。后指工人运动或无产阶级政党内部出现的背离马克思主义基本原则的思潮、路线、是资产阶级或小资产阶级思想的反映。主要有两种表现形式：一是右倾机会主义，其特点是放弃原则，为了眼前暂时的利益而忘记根本目标，企图引导无产阶级去适合资产阶级社会和政党的利益；二是“左”倾机会主义，其特点是超越客观过程的一定阶段，采取冒险主义及关门主义等。两者都以主观和客观相分裂、认识和实践相脱离为特征，因而在一定条件下可以互相转化。

价值

价值是凝结在商品中的一般的无差别的人类劳动，是商品的二因素之一，是商品生产者之间交换产品的社会联系的反映，不是物的自然属性。商品要用来交换，各种商品之间必然有一个可以比较的共同基础。各种商品的使用价值以及创造它们的具体劳动性质不同，无法比较。只有撇开劳动的具体特点，化为抽象的、无差别的人类劳动，形成价值，才能相比。未经劳动加工的东西(如空气）和用以满足自己需要、不当作商品出卖的产品都不具有价值。价值通过商品交换的量的比例即交换价值表现出来。

价值观

价值观是人们对人生价值的认识和根本态度，是人生观的组成部分，具有行为取向的功能。资产阶级的价值观，以实现个人利益为最大价值；无产阶级的价值观，以在为人民服务中实现人生的最大价值。

价值规律

价值规律，亦称“价值法则”，是商品生产和商品交换的经济规律，即商品的价值量取决于社会必要劳动时间，商品按照价值相等的原则交换。同一商品，不同生产者耗费的个别劳动时间不同，商品的个别价值也不同，但它们只能按社会必要劳动时间所决定的价值与其他商品相交换。个别价值低于社会价值者，能获得额外利益；反之，个别价值高于社会价值者其超出的部分得不到社会的承认，在交换中就处于不利地位，甚至影响再生产。因而，商品生产者都力图使自己的劳动消耗低于社会必要劳动量。

商品的价值量取决于社会必要劳动时间的规律性，价值规律调节社会劳动在各部门间的分配，要求把社会总劳动时间按比例使用于不同的生产部门和不同的商品生产上。如果某一部门或某一产品的劳动量大于它在社会总产品中应占的比例，其大于社会需要的那部分劳动量，也不会为社会承认，商品的价格就会下跌，反之，则会上涨，从而促使前者的投资向后者转移，使社会生产按比例发展。同时，虽然商品供求关系经常变化，价格围绕价值上下波动，或者高于价值，或者低于价值，但从总体和长期来看，商品的总价格与总价值仍然相等。在私有制条件下，价值规律通过价格的涨落，自发调节生产和流通，刺激生产者改进技术，提高劳动生产率，加速小生产者的分化和资本的集中。在社会主义商品经济中，价值规律仍然具有调节生产和流通的作用，但由于生产资料公有制的建立和社会主义国家对国民经济有计划的宏观调控，人们有可能自觉利用价值规律来实现资源的合理配置，加强企业管理，促使企业在竞争中提高经济效益。

交换价值

交换价值是价值的表现形式，最先表现为各种使用价值相互交换的量的比例，如：20米麻布=1件上衣，表明它们的价值量是相等的，1件上衣就是20米麻布的交换价值。两种商品能按一定比例互相交换，是由于它们都含有人类劳动的结晶，即价值；价值的大小，制约着商品交换的比例。价值是交换价值的内容，交换价值是价值的表现形式。

经济危机

经济危机是资本主义再生产过程中周期性地爆发的生产过剩危机，是资本主义再生产周期的起点和基本阶段。其一般特征是：大量商品积压，物价下跌，企业倒闭，生产下降，失业增多。在简单商品经济中，买和卖的分离，已经包含危机的可能性。在资本主义制度下，由于生产社会化同资本主义私人占有形式这一基本矛盾的发展，使可能性变为现实。资本主义基本矛盾，表现为个别企业生产的组织性和整个社会生产无政府状态的矛盾以及生产无限增长趋势同劳动群众购买力相对萎缩的矛盾。危机就是上述矛盾尖锐化的必然结果。通过危机破坏生力使矛盾获得暂时的强制的解决，从而使生产逐步恢复和发展。但在这一过程中，资本主义矛盾又逐步发展和深化，导致新的危机爆发。经济危机自1825年第一次在英国爆发后，每隔10年左右重演一次。到了帝国主义阶段，特别是在第二次世界大战后，由于资本主义实行国家干预经济的政策，资本主义经济危机的形式发生了某些改变，如危机爆发的剧烈程度减轻而危机出现的频繁程度增加，生产过剩危机和财政金融危机并发，经济停滞和通货膨胀交织，金融次贷危机引发经济危机等。

科学社会主义

科学社会主义是由马克思和恩格斯创立的，是关于无产阶级反对资本主义剥削和压迫，推翻资产阶级统治，建立以生产资料公有和按劳分配为主要经济特征的社会主义制度和解放全人类的学说。广义上也包含科学社会主义以前的有关社会主义、共产主义的学说。社会主义一词源自拉丁文socialis，意即“社会的”“交际的”。

1826年英国欧文主义者的《合作》杂志首先使用了“社会主义者”一词。1832年法国《地球报》初次使用了“社会主义”的概念，1834年勒鲁《论个人主义和社会主义》一文使该词在西欧风行起来。社会主义经历了从空想到科学的发展。在科学社会主义产生之前，有关社会主义的学说就已经存在，而且有诸多流派。从英国人莫尔1516年发表《乌托邦》至今已经500多年了，继之有意大利人康帕内拉的《太阳城》、德国人托马斯·闵采尔的关于“千载太平天国”的幻想、英国“掘地派”领袖温斯坦莱的《自由法》，等等。这个时期空想家们对理想社会的描绘还停留于幻想，还只是“共产主义思想的微光”经过18世纪的进一步发展。到19世纪初，空想社会主义学说发展到最高阶段，其主要代表人物是法国的圣西门、傅立叶和英国的欧文。他们继承了空想社会主义前辈们对资本主义的批判精神和对未来理想社会探索的成果，使空想社会主义学说成为完整的思想体系。他们的主要理论观点是：认为社会发展是一个过程，资本主义社会只是社会发展的一个阶段，不可能是永恒的；坚决否定资本主义私有制，认为私有制是资本主义制度的“主要祸害”“新的奴役形式”，“私有制使人变成魔鬼，使全世界变成地狱”；他们在批判资本主义基础上提出了未来社会的发展方向，构想了不同于资本主义的新社会制度。圣西门将这种社会称为“实业制度”，傅立叶将之称作“和谐社会”，欧文将之称作“共产主义公社”。在理想社会里，实现有计划地组织生产、按劳分配和民主管理，消灭阶级差别和人对人的剥削，体现了社会主义的本质性特征。

空想社会主义为科学社会主义的产生提供了丰富且重要的思想材料。马克思指出，“在唯物主义的批判的社会主义出现以前，空想社会主义本身包含着这种社会主义的萌芽”。恩格斯说，“他们天才地预示了我们现在已经科学地证明了其正确性的无数真理”。但是，空想社会主义之所以流于空想，一是由于它还不是建立在历史唯物主义的基础之上；二是它脱离工人运动，脱离现实斗争。空想社会主义学说，是与它们产生时代的不成熟的生产关系、不成熟的阶级关系相适应的。

马克思主义创始人批判地吸取了空想社会主义的有价值的思想成果，结合当时的工人运动，用历史唯物主义的观点和方法研究了资本主义社会的矛盾和阶级关系，科学地阐明了社会主义一系列基本原理。他们关于科学社会主义的理论集中地体现在《共产党宣言》中。在阐明人类社会发展的一般规律的基础上，马克思和恩格斯论述了资本主义社会运动的特殊规律和阶级斗争，阐明了“两个必然”的原理，指出“资产阶级的灭亡和无产阶级的胜利是同样不可避免的”。

共产主义在经济上的基本特征是“消灭私有制”，这“不过是现存的阶级斗争、我们眼前的历史运动的真实关系的一般表述”。在政治上，无产阶级必须夺取政权，建立自己的“政治统治”，即无产阶级专政。在意识形态上，要与传统观念彻底决裂，建立自己的“思想统治”。他们最后提出要建立自由人的联合体，实现人的自由而全面的发展。马克思在《哥达纲领批判》中明确地区分了共产主义第一阶段和共产主义高级阶段，并对第一阶段作了进一步的分析，指出："我们这里所说的是这样的共产主义社会，它不是在它自身基础上已经发展了的，恰好相反，是刚刚从资本主义社会中产生出来的，因此它在各方面，在经济、道德和精神方面都还带着它脱胎出来的那个旧社会的痕迹。"列宁讲到共产主义第一阶段时也指出："人类从资本主义只能直接过渡到社会主义，即过渡到生产资料公有和按每个人的劳动量分配产品。"列宁把共产主义的第一阶段表述为"社会主义"。俄国十月革命建立了世界上第一个社会主义国家。

随后，中国及欧亚其他经济上相对落后的国家和地区也先后取得了社会主义革命的胜利，建立了社会主义制度。社会主义国家在建立和发展社会主义制度的同时，也在不断积累社会主义建设的经验，加深对社会主义的认识。邓小平提出社会主义的本质是解放生产力，发展生产力，消灭剥削，消除两极分化，最终达到共同富裕。社会主义在每个国家的实践，都必须同那个国家的具体国情相结合。中国特色社会主义就是把科学社会主义的基本原理与中国实际相结合的产物，它既坚持科学社会主义的一般原理，又具有中国的特色。

社会主义制度是不断发展和完善的，社会主义在发展过程中会有曲折和反复，但是社会主义必然代替资本主义是社会历史发展不可逆转的总趋势，它比历史上以前出现的任何社会制度，都具有无可比拟的巨大优越性。社会主义必将通过各国人民自愿选择的、适合本国特点的道路，逐步取得胜利。

空想社会主义

空想社会主义，亦称“乌托邦社会主义”，是一种不具现实性的改造人类社会的社会主义理想。早期出现在英国莫尔的著作《乌托邦》和意大利康帕内拉的著作《太阳城》中。盛行于19世纪初叶无产阶级与资产阶级的斗争日益采取公开形式而尚未激化时期，主要代表者为法国圣西门、傅立叶和英国欧文。他们尖锐地批判资本主义制度，指出资本主义所固有的矛盾和阶级对立，第一次把社会主义作为一种新的生产关系提出，论证社会主义制度下的生产组织和劳动生产率都将超过资本主义；预见到共产主义社会的一些特点，如城乡对立、脑力劳动与体力劳动对立的消灭和国家消亡等。这些思想为科学社会主义提供了宝贵的思想材料，成为马克思主义的三个来源之一。但他们不理解资本主义的发展规律和无产阶级的伟大历史作用。只依据主观愿望，提出广泛的改造社会的计划，幻想通过宣传、感化资产阶级和示范试验来实现社会主义。恩格斯指出，这种“不成熟的理论，是同不成熟的资本主义生产状况、不成熟的阶级状况相适应的”（《马克思恩格斯选集》第3卷第724页）。

劳动对象

劳动对象是人们为生产物质财富而以劳动加于其上的一切东

西。劳动对象分为自然物和经过劳动加工的原料两大类。前者如待开采的矿石，后者如纺纱用的棉花、制造机器用的钢材等。随着社会生产的发展和科学技术的进步，劳动对象的范围不断扩大，对促进生产发展的作用日益显著。有的学者认为劳动对象是社会生产力的要素之一。

劳动力

劳动力是人的劳动能力，即人所具有的能运用于劳动过程的体力和脑力的总和；有时也指具有劳动能力的人，是社会生产力的能动要素，也是最重要的因素。在资本主义社会，劳动力成为商品，其条件是：(1)劳动者有人身自由，可以支配自己的劳动力；(2)劳动者丧失生产资料，为了维持生活，只能把自己的劳动力出卖给占有生产资料的资本家。劳动力作为商品，也具有价值和使用价值。它的价值相当于维持工人及其家庭的生活资料的价值，它的使用价值即劳动力的使用能创造出比它本身价值更大的价值。这个超过部分就是被资本家无偿占有的剩余价值。在社会主义公有制下，劳动力是否成为商品，学术界有不同看法。

历史观

历史观，亦称“社会历史观”，是人们对社会的起源、本质和发展规律等基本问题的认识和根本态度，是世界观的组成部分。社会存在和社会意识的关系是历史观的根本问题。唯心主义认为社会意识决定社会存在，把人们的思想动机、英雄豪杰的意志或某种超自然的力量看作是历史发展的根本原因；唯物主义认为社会存在决定社会意识，将社会发展看作是有其自身规律的辩证过程。历史唯物主义是无产阶级的历史观。

历史唯物主义

历史唯物主义亦称“唯物主义历史观”“唯物史观”“历史辩证法”，与“历史唯心主义”相对，是关于人类社会发展一般规律的科学。与辩证唯物主义都是马克思主义哲学的重要组成部分。由马克思和恩格斯在19世纪中叶创立。形成的主要标志是《德意志意识形态》。

同历史唯心主义相反，历史唯物主义认为：历史的主体是现实的人，他们的本质和活动受制于所处的物质生活条件；社会生活本质上是实践的，物质生活的生产方式决定社会生活、政治生活和精神生活的一般过程；不是社会意识决定社会存在，而是社会存在决定社会意识，社会意识又能动地反作用于社会存在；社会发展有其自身的规律，是一个自然历史过程；生产关系和生产力之间的矛盾、上层建筑和经济基础之间的矛盾，是推动一切社会发展的基本矛盾，在阶级社会中表现为阶级矛盾和阶级斗争；人民群众是历史的创造者，社会发展和人自身的发展是辩证的历史的统一。历史唯物主义的创立，第一次把社会历史的研究奠定在科学的基础上。是无产阶级政党的战略和策略的理论基础，并在实践中不断发展。

马克思主义

马克思主义由国际无产阶级革命导师马克思和恩格斯创立，并由他们的后继者所发展的科学理论体系。马克思主义以资本主义为批判对象，以建设社会主义和实现共产主义为目标，是无产阶级和人类解放的科学世界观和方法论。马克思主义产生于19世纪40年代，是资本主义矛盾激化和工人运动发展的产物。当时，资本主义在西欧已经取得相当程度的发展，英、法、德等国已经或正在实现产业革命，社会生产力和科学技术达到了前所未有的水平。资本主义社会化大生产在取得迅猛发展的同时，也造成了深重的社会灾难。一方面，周期性的经济危机频繁爆发，给社会造成了极大的破坏。另一方面，由于资产阶级的残酷压榨，工人日益陷入极端贫困的境地，社会中两极分化加剧，这引发了工人们的剧烈反抗。19世纪30—40年代，欧洲三大工人运动的爆发标志着无产阶级已经作为独立政治力量登上世界历史舞台，他们在斗争中逐步由自在阶级转变成为自为阶级。工人运动迫切需要总结和升华自身斗争的经验，形成科学的理论，以指导自身的革命斗争。马克思主义吸收和改造了人类思想文化的一切优秀成果，它的三大主要理论来源是德国古典哲学、英国古典政治经济学和英法空想社会主义，即德国古典哲学中的辩证法与唯物主义思想，英国古典政治经济学对资本主义生产和经济关系的分析及关于劳动创造价值的思想，空想社会主义者们对资本主义社会的批判和对未来社会的展望等。19世纪的三大科学发现，即能量守恒和转化定律、细胞学说、生物进化理论，也为马克思提供了自然科学前提。而古希腊罗马哲学、文艺复兴的思想成果、法国启蒙学者的思想和复辟时期历史学家的阶级斗争学说等也为马克思主义提供了有益的思想资料。1848年2月，马克思恩格斯合著的《共产党宣言》的问世，标志着马克思主义的诞生。马克思主义的诞生是人类思想史上的伟大革命，它第一次确立了科学的世界观和方法论，从而为全世界无产阶级和全人类的解放指明了正确的方向和道路，提供了锐利的思想武器。马克思主义是完整的科学理论体系，它主要包含马克思主义哲学、马克思主义政治经济学和科学社会主义三个组成部分。其中，马克思主义哲学又称辩证唯物主义和历史唯物主义，它是马克思主义的理论基础，是关于自然、社会和思维发展一般规律的学说；它以实践的观点为基础，科学地解决了思维与存在的关系问题，实现了唯物论和辩证法、唯物主义认识论和本体论以及唯物主义自然观和历史观的统一，是唯一科学的世界观和方法论。

马克思主义政治经济学是马克思主义的主要内容，它揭示了资本主义生产方式运行的规律和基本矛盾，揭露了资本主义剥削的秘密，指明了资本主义必将在其自身矛盾的冲击下趋于灭亡并最终被社会主义、共产主义所取代的历史必然性。科学社会主义是马克思主义的核心和最高目标，它指出无产阶级必须在自己政党的领导下，通过社会主义革命建立无产阶级专政；它在科学分析资本主义现实的基础上，提出了有关未来社会的一些基本原则，并对社会主义和共产主义社会进行了科学的构想。马克思主义的三个组成部分并不是彼此割裂的，而是以实现无产阶级和人类解放为主线，构成了一个相互联系的有机整体。除此之外，马克思主义还包括政治学、军事学、历史学、教育学等多方面的内容。马克思主义的主要特征是科学性和革命性的统一，这体现在以辩证唯物主义和历史唯物主义为根本的世界观和方法论、致力于维护无产阶级和广大人民群众根本利益的政治立场、与时俱进的理论品质和共产主义的崇高社会理想。马克思主义不是教条，而是行动的指南；不是终极真理，而是不断发展的开放的科学体系。马克思主义始终同国际工人运动和共产主义运动紧密结合在一起，成为各国工人阶级政党的指导思想，并随着时代条件和社会实践的发展不断地丰富和发展。19世纪末20世纪初，资本主义进入垄断阶段，列宁在新的历史条件下，把马克思主义基本原理运用于俄国革命实践，在总结俄国无产阶级革命和社会主义建设经验的基础上，创立了列宁主义，把马克思主义推进到一个新阶段。

中国共产党自成立之日起就把马克思主义写在自己的旗帜上，坚持将马克思主义的基本原理与中国具体实际和时代特征相结合，创造性地把马克思主义运用于中国的革命、建设和改革实践，不断推进马克思主义中国化，先后形成了毛泽东思想和中国特色社会主义理论体系两大理论成果，进一步丰富和发展了马克思主义。

马克思主义哲学

马克思主义哲学，即辩证唯物主义和历史唯物主义，是无产阶级的世界观和方法论，是马克思主义的三个主要组成部分之一。由马克思和恩格斯在19世纪40年代创立。是人类历史发展和哲学发展的必然产物，是哲学上的伟大变革。它以无产阶级和人类解放为主题，以科学的实践观点为基础，唯物、辩证地解决了哲学的基本问题，实现了唯物主义和辩证法的统一、唯物主义自然观和历史观的统一，以及唯物主义认识论、逻辑学和本体论的统一。特别是历史唯物主义的创立，揭示了人类历史发展的客观规律。它强调不仅要正确地解释世界，更重要的在于现实地改变世界。其理论特征是革命性、批判性和科学性的高度统一。一个半世纪以来，它随着社会实践和科学的发展而不断地丰富和发展，表现出强大生命力，列宁、毛泽东、邓小平和其他的马克思主义者都做出了各自的贡献。

人生观

人生观是人们对人生目的、意义、价值等的认识和根本态度，是世界观的基本组成部分。包括价值观、公私观、义利观、荣辱观、幸福观等。它影响并在一定程度上决定人们的道德行为和道德品质。由于人们在社会生活中所处的地位、所受的教育以及经历等的不同，对人生的价值、意义和目的有不同的观点，因而形成不同的人生观。在人类历史上，有为国为民的人生观；同时也有享乐主义、厌世主义、禁欲主义、幸福主义等的人生观。在阶级社会中，不同阶级有不同的人生观。无产阶级人生观从集体主义出发，倡导大公无私，全心全意为人民服务，在为人民服务中实现社会价值与个人价值的统一，并以追求和实现社会主义和共产主义社会作为人生的最终目的。

商品

商品是为交换而生产的劳动产品，具有使用价值和价值二因素。供自己消费而生产的劳动产品不是商品。为他人生产，但不经过交换的劳动产品，如农民向地主交纳地租的那一部分产品，也不是商品。商品是在一定经济条件下存在的历史范畴，它的出现是社会分工和产品属于不同所有者的结果。畜牧业从农业中分离出来后，农业部落和畜牧部落之间交换的产品是最初的商品。它在不同的社会里体现不同的生产关系。

社会必要劳动时间

社会必要劳动时间是“个别劳动时间”的对称，指在现有的社会正常的生产条件下，在社会平均劳动熟练程度和强度下，生产某一单位产品所需要的劳动时间。它决定商品的价值量，例如生产一件上衣，各个商品生产者由于设备、技术熟练程度等的差别，个别劳动时间从3—8小时不等，但一般是用5小时的劳动生产出来的。这5小时就是生产上衣的社会必要劳动时间。它随社会劳动生产率的提高而减少。

社会主义（制度）

社会主义制度是以生产资料社会主义公有制为基础的社会。它的经济基础是社会主义经济制度，它的上层建筑包括社会主义政治制度、法律制度、文化教育制度和以马克思主义为指导的社会主义意识形态。是无产阶级通过革命斗争，夺取政权后产生的。始于1917年俄国十月社会主义革命。由于它刚从资本主义社会脱胎出来，因此在经济、道德和精神方面都还带着旧社会的痕迹，是共产主义社会的初级阶段。

按照马克思、恩格斯的设想，社会主义社会是以社会化大生产为物质基础，全部生产资料转归全社会所有，商品货币关系将逐渐消亡，社会生产内部的无政府状态被有计划的自觉的组织所代替，个人消费品实行按劳分配。社会主义社会的实践，丰富和发展了马克思主义的社会主义理论。由于社会主义革命首先在经济相对落后的国家取得胜利，因此，社会主义国家中实行的生产资料公有制，一般采取全民所有制和集体所有制两种形式，同时存在着个体经济、私营经济等非公有制经济补充形式。社会主义经济并不排斥商品货币关系，从经济运行体制看，中国在经济体制改革前，实行计划经济，存在商品生产和商品交换；在经济体制改革后，实行社会主义市场经济体制，即在社会主义国家宏观调控下由市场对资源配置起基础性作用的经济。社会主义物质利益原则要求兼顾国家利益、企业利益和个人利益，把企业的经济利益同经济效益挂钩，把劳动者的个人利益同企业经济效益和个人的劳动贡献挂钩；克服平均主义，贯彻按劳分配原则。社会主义的生产目的是最大限度地满足人们物质和文化生活的需要。因此，社会主义的根本任务是解放生产力，发展生产力，消灭剥削，消除两极分化，最终达到共同富裕。劳动人民成为国家和社会的主人。

社会主义国家实行无产阶级专政（在中国为人民民主专政），即在人民内部实行民主，对社会主义敌人实行专政。社会主义社会的基本矛盾仍然是生产力和生产关系、经济基础和上层建筑的矛盾。为适应生产力发展的需要，要求及时变革，完善和发展社会主义的生产关系和上层建筑，例如进行经济体制改革，建设高度民主的社会主义政治制度，以促进社会主义物质文明、政治文明和精神文明的建设。在社会主义历史时期，剥削阶级作为阶级被消灭以后，由于国内的因素和国际的影响，阶级斗争还将在一定范围内长期存在，在某种条件下还有可能激化，但已经不是主要矛盾。在保持基本特征相同的条件下，社会主义在不同国家的发展并无固定的、一成不变的模式。中国目前尚处于社会主义社会的初级阶段。把马克思主义的基本原理与本国的具体实际结合起来，建设中国特色社会主义，是中国共产党和中国人民的任务。

生产工具

生产工具，亦称“劳动工具”，是人们用以改变劳动对象的手段，如石斧、汽锤、镰刀、收割机等，用以传导劳动者的劳动到劳动对象上去。生产工具是劳动资料中最重要的因素。生产工具的创造和使用是人类劳动过程的特征，它的发展水平不仅是衡量人类控制自然的尺度，而且有时也可以成为社会生产关系的指示器，如水推磨到蒸汽磨的发展，可以作为从封建制度到资本主义制度的标志。

生产关系

生产关系，亦称“社会生产关系”，是人们在物质资料生产过程中相互结成的社会关系。为了进行生产，人们便发生一定的、必然的、不依他们的意志为转移的联系和关系，只有在这些社会联系和社会关系的范围内，才会有他们对自然界的关系，才会有生产。它和生产力是社会生产不可分割的两个方面。一定的生产关系是在一定的生产力的基础上产生的，反过来又促进或阻碍生产力的发展。

生产关系是一种物质利益关系，是一切社会关系中最基本的关系，政治、文化等其他方面的社会关系，都是在生产关系的基础上产生和建立起来的。生产关系的内容包括人们在物质资料的生产、分配、交换、消费诸过程中的关系。恩格斯在《反杜林论》中把它概括为“人类各种社会进行生产和交换并相应地进行产品分配的条件和形式”（《马克思恩格斯选集》第3卷第492页）。斯大林在《苏联社会主义经济问题》中把生产关系概括为三个方面：（1）生产资料所有制形式；（2）各种不同社会集团在生产中的地位和相互关系，或如马克思所说的，“互相交换其活动”；（3）产品分配形式。其中，生产资料所有制起决定作用，是生产关系的基础，它决定生产关系的性质。

生产力

生产力，亦称“社会生产力”，是人们征服自然、改造自然的能力，表示人们在生产过程中对自然界的关系。它和生产关系是社会生产不可分割的两个方面。生产力要素包括：（1）具有一定科学技术知识、生产经验和劳动技能的劳动者；（2）同一定的科学技术相结合的、以生产工具为主的劳动资料。劳动者是生产力的首要的、能动的要素，因为只有劳动者才能制造和改进生产工具，掌握和使用生产资料。生产工具是生产力发展水平的物质标志。科学越来越广泛地运用于工农业生产，通过对生产力各个要素的作用，促进或决定生产力的发展。从这个意义上说，科学技术是第一生产力。有的学者认为生产力的要素还包括劳动对象。生产力是社会生产中最活跃、最革命的因素，在社会生产发展过程中起主要的决定作用。

生产资料

生产资料，亦称“生产手段”，是社会生产力中的物的要素，包括劳动资料和劳动对象。其中最重要的是劳动资料中的生产工具。

生产资料私有制

生产资料私有制，简称“私有制”，是生产资料为私人占有的形式。在原始社会后期，因社会分工和生产力的发展，特别是金属工具的使用，每个家庭都有可能成为独立的生产单位，引起私有制的产生。商品生产和交换的扩大，又促进私有制的发展。私有制是产生剥削的基础。历史上有三种主要的私有制：（1）奴隶主所有制；（2）封建主所有制；（3）资本主义所有制。此外，从原始社会瓦解时起，直到社会主义社会，都存在着以个体劳动为基础的个体所有制，即小私有制，但它从未在社会经济生活中占统治地位。我国社会主义初级阶段实行以公有制为主体、多种所有制经济共同发展的基本经济制度。

生产资料所有制

生产资料所有制是人们对生产资料的占有形式，指生产资料归个人、某个阶级、社会集团或整个社会所有。其内涵包括生产资料归谁所有、由谁支配和为谁服务的经济关系。生产资料所有制是生产关系的基础，它决定人们在生产中的相互关系和产品的分配、交换、消费关系。在不同历史阶段，由于社会生产力发展水平不同，生产资料所有制也不同。历史上依次出现的在社会经济生活中占统治地位的生产资料所有制，是原始公社所有制、奴隶主所有制、封建主所有制、资本主义所有制和社会主义所有制。此外。从原始社会瓦解时起，直到社会主义社会，都存在着劳动者个体所有制，即小私有制，但它从未在社会经济生活中占统治地位。

剩余价值

剩余价值是雇佣工人剩余劳动所创造并被资本家无偿占有的价值。榨取剩余价值是资本主义生产的目的。在资本主义制度下，劳动力成为一种特殊商品。资本家购买劳动力后，使之同生产资料结合起来进行生产。工人在生产过程中不仅能再生产出劳动力价值，并且能创造出超过劳动力价值的那部分剩余价值。剩余价值是资本主义社会各剥削阶级集团剥削收入的总源泉，因在各剥削阶级集团间瓜分，表现为利润、地租、利息等形式。

使用价值

使用价值，是能满足人们某种需要的物的效用，如粮食能充饥，衣服能御寒。物的效用由它的自然性质决定。科学技术的发展和人类经验的积累，使人们逐渐发现物的多种效用及其使用方法。例如煤的使用价值，从最初只当作燃料，发展到用以炼焦和提取化工原料等。不管社会形态如何，使用价值总是形成社会财富的物质内容。在商品经济条件下，使用价值成为价值的物质承担者，是商品二因素之一。

世界观

世界观，也称宇宙观。是人们对整个世界（包括自然和社会）的认识和根本态度。表现为哲学、宗教、艺术、科学等基本形式。世界观包括自然观、人生观、价值观、历史观、发展观等。在阶级社会里，世界观具有阶级性。

唯物主义

唯物主义，亦称“唯物论”，是与唯心主义相对立的哲学基本派别。在哲学基本问题上坚持物质第一性，精神第二性；世界的统一性在于物质性；意识是物质世界发展到一定阶段的产物；人的认识是对客观存在的反映。唯物主义通常总是反映先进阶级或集团的利益。在中国，唯物主义的代表有战国时的荀子，东汉的王充，南朝的范缜，明清之际的王夫之，清代的戴震等。在西方，唯物主义的发展可以分为下列三个阶段：古希腊罗马的朴素唯物主义；16—18世纪的形而上学唯物主义或机械唯物主义；19世纪以来的辩证唯物主义和历史唯物主义，即马克思主义哲学。

唯心主义

唯心主义，亦称“唯心论”，是与唯物主义相对立的哲学基本派别。在哲学的基本问题上，主张精神第一性，物质第二性，认为精神（意识、观念）是世界的本原，世界则是精神的产物。唯心主义有两种基本形式：主观唯心主义和客观唯心主义。唯心主义思想的萌芽是由于原始人的迷妄无知，但发展成为哲学体系的社会根源，乃是由于阶级和剥削的产生。它在大多数情况下是保守势力和没落阶级的世界观。唯心主义的认识论根源，则在于将认识复杂过程的某个方面、某一部分夸大或僵化成为绝对。

小资产阶级

小资产阶级是占有一些生产资料或少量财产，一般不剥削别人或仅有轻微剥削，主要依靠自己劳动为生的阶级，包括中农、手工业者、小工商业者、自由职业者等。在旧中国，受帝国主义、封建主义和官僚资本主义的压迫，是革命的动力之一，是无产阶级可靠的同盟者。

形而上学

形而上学，作为哲学名词，其含义有：（1）从黑格尔开始，形而上学被用作反辩证法的同义词。马克思主义哲学指出，形而上学的特点是用孤立、静止、片面、表面的观点去看世界，否认唯物辩证法所主张的事物因内部矛盾引起发展的学说。形而上学的思想在古代就已经产生。在欧洲，流行于15世纪后半期到18世纪。当时科学家们将自然界划分为各个部分，并从外部分门别类地加以考察。这种思想方法，由培根和洛克从自然科学移植到哲学上，就造成了当时哲学的形而上学的局限性。（2）形而上学，在哲学史上指研究超感觉的、经验以外对象的哲学。如德国雅斯贝斯在其《哲学》第3卷中提出，形而上学是关于自在存在，即超越存在的理论。在现代，有的唯心主义还常用“形而上学”来指责唯物主义。

英国古典政治经济学

英国古典政治经济学是英国资本主义上升时期代表新兴产业

资产阶级利益的理论体系。它反对封建制度和重商主义，主张经济自由，以生产领域为研究对象，试图阐明资本与经济的内在联系。产生于17世纪中叶的英国资产阶级革命时期，完成于19世纪初的工业革命初期。他们摆脱晚期重商主义的影响，力图寻求经济现象背后所隐藏的实质，把理论研究从流通领域转向生产领域，探讨资本主义制度下财富生产和分配的规律。由于当时英国资本主义经济的发展水平居各国之首，因此英国古典政治经济学者的研究更加广泛深入，资产阶级立场更为鲜明。

政治经济学

政治经济学是研究社会生产关系及其发展规律的学科。阐述人类社会发展各个阶段产品的生产、交换以及与之相适应的产品分配和消费的规律。该词始见于法国重商主义者蒙克莱田1615年发表的《献给国王和王后的政治经济学》一书。资产阶级古典政治经济学产生和形成于资本主义工场手工业和产业革命时期。其著名代表亚当·斯密和李嘉图，对探讨资本主义社会生产和分配的规律有重要贡献。随着资本主义的发展，18世纪末19世纪初出现了资产阶级庸俗政治经济学。它抛弃古典政治经济学的科学成分，发展其庸俗成分，抹杀资本主义的矛盾。19世纪中叶，资本主义在西欧主要国家和美国占据统治地位，作为自为阶级的无产阶级需要建立自己的政治经济学。马克思和恩格斯运用辩证唯物主义和历史唯物主义研究社会经济关系，批判地吸收古典政治经济学的科学成分，抛弃其非科学成分，创立剩余价值理论，彻底揭露资本主义剥削制度的实质及其发生、发展和灭亡的规律，揭示了无产阶级推翻资本主义和建立社会主义、共产主义的历史任务，从而创立了无产阶级政治经济学即马克思主义政治经济学，实现了政治经济学的革命。在帝国主义和无产阶级革命时代，列宁科学地分析了19世纪末以来关于资本主义各国发展的状况，创立关于帝国主义的理论，并根据十月革命和苏俄的经验，提出关于社会主义革命和社会主义建设的许多新原理，把无产阶级政治经济学推进到新的发展阶段。在列宁之后，苏联、中国和其他社会主义国家的以马克思主义为指导的无产阶级政党，以及各国马克思主义者，把马克思列宁主义的普遍真理同本国具体实际相结合，在社会主义革命和社会主义建设方面，以及在20世纪80年代起进行的经济体制改革中提出了许多新的原理，丰富和发展了马克思主义政治经济学。作为马克思主义三个组成部分之一的马克思主义政治经济学，是革命性和科学性的统一，是无产阶级政党制定纲领、路线、政策和策略的理论基础，是各国无产阶级和劳动人民为摆脱阶级剥削和阶级压迫，实现民族解放，建设社会主义和共产主义而斗争的强大理论武器。

资本

资本是带来剩余价值的价值。作为资本物质载体的生产资料和货币本身并不是资本，只有当它们为资本家占有，并用作剥削手段时，才成为资本。资本不是物，而是通过物来表现的资本家对工人的剥削关系。奴隶社会和封建社会的商业资本和高利贷资本，是资本的前期形态，通过商业和高利贷活动，直接或间接占有奴隶或农奴的剩余产品。

资本主义（制度）

资本主义制度是以资本家占有生产资料和剥削雇佣劳动为基础的社会制度，是人类历史上最后一个人剥削人的制度。资本主义制度下，商品经济和社会生产力有了巨大发展。资本主义经济在封建社会内部因小生产者的自发分化而产生。它广泛发展的历史前提是：一方面，广大的农民和手工业者被剥夺生产资料，成为“自由”劳动者；另一方面，剥削者积累起大量的货币资本，能够购买生产资料和劳动力。在14—15世纪，欧洲地中海沿岸若干城市已有资本主义生产的萌芽，西欧在16世纪开始进入资本主义时期。经过17—18世纪英国、法国的资产阶级革命和18世纪后半期机器大工业的发展，巩固了资本主义的统治地位。

资本主义在历史上起过进步作用，特别是资本主义大生产创造了前所未有的新的生产力。19世纪末至20世纪初，完成由自由竞争的资本主义到垄断资本主义的过渡。在资本主义社会，无产阶级和资产阶级是两个基本的、对抗性的阶级。资本主义生产的目的是追求剩余价值。随着生产力的发展，资本主义固有的生产社会性和私人占有形式的基本矛盾日益尖锐。同资本主义经济制度相适应的政治制度是资产阶级掌握政权，即资产阶级专政。资本主义的发展为它自身的灭亡准备了物质条件和掘墓人。资本主义制度必然要为社会主义制度所代替。

资产阶级

资产阶级是占有生产资料作为资本，以剥削雇佣劳动、获取剩余价值的阶级，是资本主义社会的统治阶级，最早产生于 14—15 世纪欧洲地中海沿岸一些较发达城市的市民中。资产阶级是在封建社会末期，随着商品经济和资本主义生产关系的发展而形成的。资产阶级是当时新生产方式的代表，起过革命的作用。它利用劳动人民的力量，推翻了封建专制制度，建立了资本主义制度，使生产力得到很大发展。资产阶级掌握政权后，对无产阶级和广大人民群众实行资产阶级专政，加强剥削和压迫，使阶级矛盾尖锐化。19 世纪末 20 世纪初，资本主义由自由竞争进入垄断时期，即发展到帝国主义阶段，资产阶级内部形成了垄断资产阶级。在资本主义发展的同时，资产阶级为自己准备了掘墓人——无产阶级。中国的资产阶级成长在半殖民地半封建社会，分为官僚资产阶级和民族资产阶级。中国新民主主义革命消灭了官僚资产阶级，社会主义改造使民族资产阶级作为一个阶级已不复存在。

小资产阶级

小资产阶级是占有一些生产资料或少量财产，一般不剥削别人或仅有轻微剥削，主要依靠自己劳动为生的阶级，包括中农、手工业者、小工商业者、自由职业者等。在旧中国，受帝国主义、封建主义和官僚资本主义的压迫，是革命的动力之一，是无产阶级可靠的同盟者。